제1장
광동어란 무엇인가

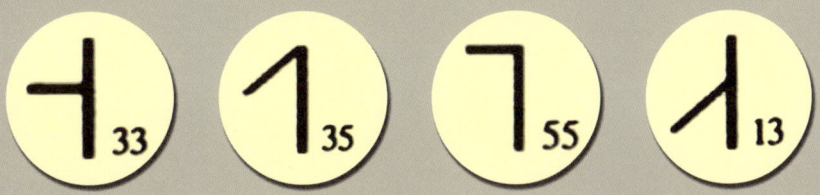

01

　　홍콩 영화를 보다 보면 극 중의 배우들이 우리가 평소에 듣던 표준중국어와는 전혀 다른 느낌의 말을 하고 있다는 것을 알 수 있다. 발음을 할 때 입 모양도 많이 다르고 무언가 표준중국어보다 강하기도 하고 또 한편으로는 부드럽기도 한 오묘한 느낌의 언어를 구사하는데 이것이 바로 중국 방언의 하나인 광동어이다. 한국에 중국어 열풍이 불어 닥치기 전 80년대 한국의 코미디언들이 중국 사람을 흉내 내면서 말의 끝부분을 리듬감 있게 올리고는 했었는데 그들이 흉내 내었던 말이 바로 이 광동어이다.

　　중국 역시 우리나라와 마찬가지로 지역적인 특성을 지닌 방언이 존재하는데, 의사소통에 어려움이 없는 우리의 방언과는 달리 중국의 방언은 서로 전혀 알아들을 수 없을 만큼 그 차이가 현격한 외국어 같은 성격을 띠고 있다.

　　중국의 방언은 크게 7가지로 나눌 수 있는데 그 중에서 광동어는 남방지역을 대표하는 방언의 하나로 한국의 한자음과 많은 부분

유사성을 보이고 있다. 사실 광동어는 광동어보다는 월방언(粤方言)이라는 용어를 사용하는 것이 더 적절한데, 왜냐하면 광동어는 광동지역에서 사용하는 언어, 즉 월방언(粤方言)뿐 아니라 민방언(閩方言)과 객가방언(客家方言)까지 모두 포함하는 말이기 때문이다. 그렇지만 본 책자에서는 편의상 월방언이라고 하지 않고 우리에게 친숙한 광동어라는 표현을 사용하기로 한다.

광동어의 사용범위는 홍콩과 마카오, 그리고 광동성(廣東省)과 광서성(廣西省) 대부분 지역에 이르기까지 매우 광범위하다. 중국 본토뿐 아니라 해외에 거주하는 화교들 역시 대다수가 이 광동어를 사용하고 있는데, 전 세계에서 광동어를 사용하는 인구는 모두 1억 명에 달한다. 이는 남북한 인구 7,000만 명의 약 1.5배에 달하는 숫자로, 한 국가의 언어인 한국어보다 그 사용인구가 훨씬 더 많다.

홍콩과 마카오가 위치하고 있는 광동성은 중국 남방지역의 관문으로 중국에서 제일 먼저 개혁, 개방을 실시한 지역이다. 이로 인해 국내외의 경제 교류에 있어서 매우 중요한 위치를 차지하게 되었는데, 광동성의 선전(深圳), 주하이(珠海), 산터우(汕頭) 등지에 경제특구가 건설되고 주장삼각주(珠江三角洲)의 경제 건설이 신속한 발전을 가져오게 되면서 이들 지역에서 주로 사용되고 있는 광동어가 국내외 교역활동에 있어 날이 갈수록 중요한 역할을 하게 되었다.

광동어는 중국내륙의 각 성(省)을 연결하는 광동지역과 국제교역의 중요한 통로역할을 하는 홍콩지역에서 사용하는 언어이며, 해외의 수많은 화교들이 사용하는 언어인 동시에 그들이 고국으로 돌아와 기업에 투자하거나 자본을 유치할 때 사용하는 언어이기도 하다. 또한 광동지역에서 상업 활동을 하는 사람들이 교역을 할 때 사용하는 언어 역시 표준중국어가 아닌 바로 이 광동어이다. 광동지역에서 무역을 하는 경우 표준중국어로도 의사소통이 가능하지만 표준중국어를 사용하게 되면 다소 형식적인 교역만 이루어지므로 원활한 교역을 위해서는 반드시 광동어를 구사할 줄 알아야 한다. 이렇듯 광동어는 홍콩과 마카오, 그리고 광동지역에서 사용하는 주요 방언으로 경제활동과 문화교류에 있어서 상당히 중요한 역할을 하고 있다.

이러한 이유로 세계 각국에서는 끊임없이 홍콩과 광저우(廣州) 등지로 사람들을 파견하여 광동어를 배우게 하고 있으며, 미국과 캐나다, 일본의 여러 대학들에서는 광동어 과목을 개설하여 광동어를 배우려는 노력을 지속적으로 하고 있다.

광동어는 위에서 말했던 것처럼 우리가 사용하는 한자의 발음과 유사한 부분이 상당히 많은데 그 이유는 표준중국어와는 달리 입성(入聲, 즉 ㄱ, ㅅ, ㅂ 받침)과 ㅁ 받침을 그대로 간직하고 있기 때문이다. 예를 들어 '나라 국(國)'자의 경우 우리는 '국'이라고 읽고 광동어는 '궉'이라고 읽지만 표준중국어는 ㄱ 받침이 없는 '궈'로 읽는다. 또 다른 예로 '석 삼(三)'을 우리는 '삼'으로 읽고 광동어는 '쌈'으로 읽지만 표준중국어는 ㅁ 받침이 아닌 ㄴ 받침의 '싼'으로 읽는다. 이러한 예들에서 알 수 있듯이 광동어는 우리의 한자음과 상당히 비슷하게 발음된다.

광동어 음절의 끝소리는 ㄱ, ㅅ, ㅂ 받침과 ㅁ, ㄴ, ㅇ 받침 6개가 존재한다. 참고로 광동어에서의 ㅅ 받침은 우리말에서 ㄹ 받침으로 발음한다. 예를 들어 하나를 가리키는 '一'은 광동어에서는 '얏'으로 읽지만 우리말에서는 '일'로 읽는다.

광동어의 성모(음절의 첫소리)는 표준중국어에 비해 그다지 어렵지 않게 발음할 수 있는데, 그 이유는 권설음(혀끝을 목 뒤로 들어 올리는 소리)이 없기 때문이다. 그런데 장점이 있으면 단점도 있는 법. 한국인이 정말 내기 어렵고 까다로운 발음이 있다(중국인이더라도 표준중국어만 할 줄 아는 사람은 이 발음을 내지 못한다). 바로 콧소리로 내야 하는 'ng' 발음이다. 한국어로 '앙앙' 하고 발음할 때 자세히 들어보면 두 번째 '앙'이 첫 번째 '앙'과는 다르게 소리 나는 것을 알 수 있다. 콧소리가 섞여 '앙'도 아니고 '냥'도 아닌, 한글로 표기할 수 없는 소리가 난다. 이 두 번째 '앙'에서 나는 첫소리 'ㅇ'이 바로 광동어의 'ng' 발음이다. 이 'ng' 발음은 이에 해당하는 한글 자음이 없기 때문에 정확히 표기할 방법이 없다. 그렇지만, 홍콩의 젊은이들 가운데는 'ng'를 콧소리를 내지 않고 우리말의 'ㅇ'처럼 발음하는 사람도 많다는 사실에 착안해, 본문에서는 'ng' 발음이 생략된 'ㅇ'으로 표기했다. 예를 들어 '我'와 '牛'는 각각 'ngo'와 'ngau'로 발음되는데 이 두 음을 한글로 표기할 때에는 'ng' 발음이 나지 않는 '오'와 '아우'로 표기했다. 혹자는 이 발음의 맨 앞에 '응'을 붙여 '응오', '응아우'처럼 표기하고 있지만(콧소리라는 특징을 이렇게 나타낸 것으로 보인다), 이렇게 표기하게 되면 광동어를 처음 접하는 사람들은 'ngo'가 콧소리를 동반한 한음절의 '오'가 아니라, 두음절의 '응/오'라고 생각해 버리기 쉽다. 그렇게 되면 잘못된 발음을 인식시키는 셈이 되어 버리기 때문에 본문에서는 그냥 콧소리가 나지 않는 '오'로 표기했다.

광동어의 운모(음절에서 첫소리를 제외한 나머지 부분)는 모두 53개로 표준중국어의 39개보다 14개가 더 많다. 그렇기 때문에 표준중국어보다 훨씬 더 많은 음을 발음할 수 있는데, 본문의 '영어에서 들어온 외래어' 부분에서 이러한 차이를 확실하게 느낄 수 있을 것이다.

광동어의 성조는 입성을 포함하여 모두 9개가 있는데(표준중국어는 4개), 입성을 제외한 6개의 성조는 크게 다음과 같은 세 가지로 나눌 수 있다.

처음부터 끝까지 음의 변동없이 평탄하게 발음하는 수평조와 아래에서 윗부분으로 끌어올리듯이 발음하는 상승조, 그리고 표준중국어의 반3성처럼 낮은음에서 더 아래로 내려가면서 발음하는 하강조 이렇게 세 가지로 나눈다.

수평조는 또 다시 3가지로 나뉘는데 높은 음에서 처음부터 끝까지 음의 변동 없이 발음하는 높은 수평조, 중간 음에서 처음부터 끝까지 음의 변동 없이 발음하는 중간 수평조, 낮은 음에서 처음부터 끝까지 음의 변동 없이 발음하는 낮은 수평조로 나뉜다.

상승조는 또한 2가지로 나뉘는데 중간 음에서 높은 음으로 끌어올리듯이 발음하는 높은 상승조와 낮은 음에서 중간 음으로 끌어올리듯이 발음하는 낮은 상승조로 나뉜다.

수평조와 상승조, 하강조를 알아보기 쉽게 기호로 나타내면 다음과 같다(기호 옆의 숫자는 성조 높낮이의 변화를 나타내는 것으로, 왼쪽의 숫자는 시작점의 높이를, 오른쪽의 숫자는 끝나는 점의 높이를 나타낸다. 음폭은 1에서부터 5까지이다).

수평조 ㄱ₅₅ ㅓ₃₃ ㅓ₂₂
상승조 ↑₃₅ ↗₁₃
하강조 ↓₂₁

입성은 짧게 빨리 닫는 소리이므로 끝부분을 짧고 빠르게 발음하는데 기호로 표시하게 되면 위의 세 가지 수평조와 일치한다. 대

신 받침소리가 ㄱ, ㅅ, ㅂ으로 난다는 것이 수평조와는 다르다. 예를 들면:

높은음 입성 ┐₅₅   중간음 입성 ┤₃₃   낮은음 입성 ┤₂₂

보통 광동어 교재에서는 위에서처럼 숫자 2개를 사용해서 성조를 표시하기보다는 하나의 숫자로 표시하고 있는데 1부터 6까지의 여섯 개의 숫자로 6종류의 성조를 표시한다. 즉:

1: ┐₅₅   2: ╱₃₅   3: ┤₃₃   4: ╲₂₁   5: ╱₁₃   6: ┤₂₂

그리고 입성을 표시할 때도 이와 마찬가지다. 1, 3, 6이라는 숫자로 세 가지 입성을 나타낸다.

1: ┐₅₅   3: ┤₃₃   6: ┤₂₂

예를 들어 광동어(廣東話, 궝풍와)라는 단어의 발음을 숫자를 사용하여 성조표시를 하게 되면 'guong² dong¹ wa²'처럼 쓰게 된다(이때 숫자는 발음기호 오른쪽 위에 작은 글씨로 써준다). 이는 '높은 상승조+높은 수평조+높은 상승조'의 결합이다.

또 다른 예로 한국(韓國, 혼꿱)을 표시할 때는 'hon⁴ guog³'이라고 쓴다. 그런데 여기서 한 가지 주의할 점은 'guog³'이 중간 수평조가 아니라 중간음 입성이라는 것이다('g' 받침, 즉 'ㄱ' 받침을 쓰고 있기 때문이다). 이는 '하강조+중간음 입성'의 결합이다.

본 책자에서는 광동어를 크게 어휘와 글자 두 부분으로 나누어 그 특성에 대해 알아보려고 한다. 우리에게 생소한 광동어의 어휘와 글자들은 어떠한 특징을 지니고 있으며 표준중국어와는 어떻게 다른지, 또한 우리가 사용하는 한자와는 어떻게 다르고 어떠한 공통점이 있는지 살펴보도록 할 것이다.

본문에서의 광동어 발음은 최대한 원음에 가깝게 표기했고, 표준중국어의 발음은 국립국어원의 중국어 외래어 표기법에 맞추어 표기하였다.

그럼 먼저 광동어의 어휘에는 어떠한 것들이 있는지 알아보기로 하자.

제2장
광동어의 어휘

영어사전에 수록된 광동어
행공(香港) → 홍콩(Hong Kong) | 케짭(茄汁) → 케첩(ketchup) | 라이찌(荔枝) → 라이치, 리치(litchi)
딤쌈(點心) → 딤섬(dim sum) | 다이퐁(大風) → 타이푼(typhoon)

광동의 지역적인 특성과 관련 있는 어휘
얼음(雪) | 목욕하다(沖涼) | 뱀, 고양이, 닭으로 만든 요리(龍虎鳳) | 연애하다(拍拖) | 독신녀(自梳女)
간호사(姑娘) | 서양사람(紅毛頭) | 꼬투리째 먹는 완두콩(荷蘭豆)
외국으로 팔려간 노동자(賣猪仔)

불길한 뜻을 가진 글자와 똑같은 발음의 글자는 쓰지 않는다
혀(舌→脷) | 간(肝→膶) | 말린 두부(豆腐乾→豆腐膶, 豆膶) | 돼지 피(猪血→猪紅)
달력(通書→通勝) | 빈집(空屋→吉屋) | 긴 대나무 장대(竹杠→竹昇)

영어에서 들어온 외래어
광동어를 거쳐 표준중국어로 간 외래어
표준중국어보다 더 원음에 가까운 광동어
음으로 번역한 광동어, 뜻으로 번역한 표준중국어

01
영어사전에 수록된 광동어

1) 횅공(香港) → 홍콩(Hong Kong)

'향항'. 향나무를 수출하던 항구라는 뜻에서 홍콩을 '香港'이라고 한다. 광동어로 이 향기로운 항구를 어떻게 읽을까. 입을 '오' 모양으로 크게 벌리고 '애' 발음을 하면서 '횅공' 하고 읽으면 바로 홍콩이 된다. 이 '횅공'이 영국 사람들 귀에는 홍콩과 비슷하게 들린 모양이다. 이 발음이 영어권으로 들어가 지금의 '홍콩(Hong Kong)'으로 자리 잡게 되었다.

빨간 바탕에 흰 색의 보히니아꽃이 그려진 홍콩기(旗)

1842년 8월 아편전쟁에서 승리한 영국은 청나라와 남경조약을 맺게 되는데 이 조약으로 홍콩은 영국에 할양되게 되고, 1898년부터 99년간 영국의 통치를 받게 된다. 이후 1997년 7월 1일 중국에 반환된 홍콩은 '1국가 2체제' 원칙에 따라 중화인민공화국의 특별행정구로 운영되고 있다.

남경조약 체결 당시만 해도 홍콩은 평범한 어촌 지역에 불과했지만 지금은 중국본토의 주요한 관문이자 동서양을 잇는 무역항으

홍콩지도. 홍콩은 홍콩섬(香港島)과 구룡반도(九龍), 신계지(新界) 및 란타우 섬(大嶼山)으로 이루어져 있다.

로, 또한 산업화시대에 세계를 연결하는 금융과 서비스의 중심도시로 자리매김하였다.

　　홍콩섬(香港島)과 구룡반도(九龍), 신계지(新界) 및 란타우 섬(大嶼山)으로 구성되어 있는 홍콩은 그 면적이 1,100㎢에 달하는데, 이는 서울 크기의 약 1.8배에 해당한다.

　　신석기시대부터 인류가 거주했다는 홍콩은 약 700만 명의 인구가 살고 있는데, 전체인구의 95%가 중국인(한족)이고 그 다음이 필리핀인, 미국인, 영국인의 순이다. 한국인은 7년 이상 거주한 영주권자 3,500명을 포함해 모두 12,000명이 거주하고 있다(2009년 기준, 홍콩 정부 통계).

　　공용어는 영어와 중국어인데, 중국어의 경우 광동어가 널리 사용되고 있다. 홍콩이 중국에 반환된 이후 표준중국어의 사용자가 점점 늘어나고 있기는 하지만, 대부분의 사람들은 여전히 광동어를 주요 언어로 사용하고 있다. 통계에 따르면 홍콩 인구의 95%가 광동어를 사용하고 있고, 38%가 영어를 사용하고 있다고 한다.

한국 가요 중에 '별들이 소근대는 홍콩의 밤거리'로 시작되는 노래가 있다. 그런데 홍콩에는 별빛보다 불빛이 더 강렬한 빛을 발하며 보는 사람을 매료시킨다. 특히 해가 진 저녁 시간 침사추이(광동어로는 찜싸쪼위, 尖沙咀) 산책로에서 바

침사추이 산책로에서 바라 본 홍콩섬의 야경

라보는 건너편 홍콩섬의 야경은 가히 압권이다. 길게 늘어선 거대한 빌딩들이 오색찬란한 불빛을 뿜어내며 위용을 과시하는데 그래서 그런지 그 곳은 그 불빛을 보러온 관광객과 연인들로 항상 북적거린다. 홍콩에 가게 되면 한번쯤 가보아야 하는 곳 중의 하나가 바로 이 홍콩의 밤거리 침사추이 산책로이다.

홍콩 이외에 광동어가 영어권으로 들어가 영어처럼 쓰이는 지명이 또 하나 있다. 바로 'Canton'인데 이 캔톤은 '광동(廣東)'을 광동어로 발음한 '궝똥'에서 왔다. 영어권에서는 광동을 '캔톤(Canton)'이라고 하고 여기에 '~의 말', '~의 사람'이라는 뜻의 -ese를 붙여서 광동어나 광동사람을 '캔토니스(Cantonese)'라고 한다. 요즘 중국영화 DVD를 보면 audio 부분에 Cantonese라고 쓰여 있는 것들이 있는데 이것이 바로 광동어이다.

그런데 '홍콩(Hong Kong)'과 '캔톤(Canton)'은 '영어에서 들어온 외래어' 부분에서 살펴볼('광동어를 거쳐 표준중국어로 간 외래어' 부분 참조) '스

위스(Swiss)', '스웨덴(Sweden)', '덴마크(Denmark)', '캐나다(Canada)'와는 성격이 조금 다르다. 스위스, 스웨덴, 덴마크, 캐나다는 영어가 광동어로 유입된 경우이지만 홍콩과 캔톤은 광동어가 영어로 유입된 경우이기 때문이다. 참고로 이 '횅공'은 표준중국어로는 '샹강'이라고 한다.

2) 케짭(茄汁) → 케첩(ketchup)

내가 초등학교에 다닐 무렵에는 핫도그가 그 당시 어린이들의 최고 인기 군것질거리 중의 하나였다. 소시지를 끼운 나무젓가락에 되직한 밀가루반죽을 돌돌 만 다음, 부글부글 끓는 네모난 기름 통 안의 가장자리 틀에 차례대로 끼워 넣고서 얼마 동안을 기다리면 맛있는 핫도그가 되었다. 그러면 주인아저씨나 아주머니가 다 만들어진 핫도그에 토마토케첩을 뿌려 주셨는데 그 뿌려주는 양에 따라 그 핫도그집의 인심을 가늠할 수 있었다. 그냥 한가운데 길게 한 줄로 찍 뿌려주는 집도 있었고 핫도그 전체에 구불구불 갈지자를 그려가며 뿌려주는 집도 있었다.

주인뿐 아니라 그걸 먹는 어린 고객들의 성격도 핫도그를 먹는 방식으로 알 수가 있었는데 고객들도 성격이 제 각각인지라 핫도그와 케첩을 같이 베어 먹는 아이들, 일단 케첩부터 깨끗이 다 핥아먹고 난 다음에 핫도그를 먹는 아이들, 케첩을 싫어해서 아예 처음부터 "제 거는 케첩 뿌려주지 마세요."라고 하는 아이들, 전부 각양각색이었다. 아마도 내가 케첩을 처음으로 접한 때가 핫도그를 먹던 그 초등학교 시절이 아니었나 싶다.

그렇다면 케첩이란 말은 어떻게 생겨났을까. 조국을 떠나 타

좌) 토마토즙 쇠고기탕면(茄汁牛肉麵)
우) 어릴 적 즐겨 먹던 케첩 뿌린 핫도그

지로 이민을 가던 중국인이 서서히 생겨날 무렵, 영국이나 미국으로 이민을 간 사람들 중 대부분은 광동지역 사람이었다. 그들 중 미국에서 생활하게 된 사람들은 철도공사에 투입되거나 주방일 혹은 세탁하는 일을 주로 도맡아 하게 되었다. 이민자들은 값도 싸고 맛도 좋은 토마토를 푹 끓여 즙을 만든 후 생선이나 육류를 요리할 때 사용하였는데 미국 사람들은 그 맛있는 즙이 무엇으로 만들어졌는지 알 수가 없어 중국인들에게 그 이름을 물어보았다. 그런데 중국인들이 영어가 서툴러 그냥 그들의 모어(母語)인 광동어 그대로 '케짭'이라고 알려주었고, 그 후 케짭(茄汁, 토마토 즙)은 영어권에서 '케첩(ketchup)'으로 바뀌어 지금까지 사용되게 되었다. 이렇듯 영어의 'ketchup'은 광동어의 '케짭'에서 비롯되었다.

3) 라이찌(荔枝) → 라이치, 리치(litchi)

선홍빛 울퉁불퉁한 얇은 껍질 속에 든 새하얗고 말랑말랑한 과육. 양귀비가 너무나 좋아했다던 바로 그 과일 여지(荔枝). 처음 먹을 때는 맛이 상당히 오묘하지만 먹다 보면 중독이 되는 과일. 내가 아는 어떤 사람은 마늘을 먹지 않는데 여지를 먹어보더니 마늘 냄새가 난다면서 그 후로는 전혀 먹지 않는다. 그러면서 항상 여지를 마늘과일이라고 부른다(그런데 내 코에는 전혀 마늘 냄새가 나지 않는다).

유학을 마치고 한국에 돌아와서 여름이 되면 항상 이 과일을 그리워했었는데(여지는 열대과일로 여름이 제철이라 유학 시절에는 여름만 되면 거의 매일 먹었다) 어느 날 한 패밀리 레스토랑에서 이 여지를 발견하게 되었다. 그날 완전히 로또 당첨된 기분으로 다른 건 대충 먹고 이 여지만 계속 날라다 먹었다.

홍콩이나 대만 같은 아열대 기후에서는 직접 재배하기 때문에 신선한 여지를 먹을 수 있지만 한국 같은 경우는 수입해오기 때문에 대부분 냉동인 상태가 많다. 그렇게 되면 처음과는 완전히 다른 흑갈색으로 변하고 껍질마저 딱딱하게 변해버리는데, 여지를 그런 상태로 처음 보는 사람은 색깔과 모양이 영 맛이 없어 보여서 그런지 전혀 손을 대지 않는다.

여지는 신선한 상태가 오래가지 않기 때문에 이런 말도 생겨났다. '하루가 지나면 색이 변하고, 이틀이 지나면 향이 변하고, 사흘이 지나면 맛이 변하고, 나흘이 지나면 색과 향, 맛이 모두 날아가 버린다(一日色變, 二日香變, 三日味變, 四日色香味盡去)'. 그리고 주의해야 할 사항이 있는데 몸에 열이 많은 체질은 여지를 많이 먹어서는 안 된다. 심한 경우 몸에 열꽃이 피고 코피도 날 수 있기 때문이다.

자 그럼 본론으로 들어가 보자. 여지는 광동어로 '라이찌'라고 하는데 한국에서는 보통 리치라고 한다. 아마도 영어의 영향을 받아서 그런 것 같은데 영어로는 litchi, lichee, lychee 이렇게 여러 가지로 표기한다. 그런데 영국영어의 발음과 미국영어의 발음이 서로 달라서 영국에서는 '라이치[laitʃiː]'라고 하고 미국에서는 '리치[liːtʃiː]'라고 한다. 영어권에서는 원래 여지를 리치가 아닌 라이치라고 발음했던 게 아닌가 싶은데 그 이유는 홍콩이 영국의 식민지였던 시절에 이 단어가 제일 먼저 영국으로 유입되었을 것이라 생각되기 때문이다. 그 후 미국 사람들이 litchi의 'li'를 '라이'로 발음하지 않고 철자 그대로 '리'로 읽어 리치로 발음하게 되었을 것이다.

양귀비가 즐겨 먹었다는 과일 여지(리치)

그렇다면 혹시 광동어의 '라이찌'가 아닌 표준중국어의 '리즈'가 영어로 유입된 것은 아닐까. 그런데 여지는 남방에서 재배되는 열대 과일이기 때문에 북방의 언어인 표준중국어가 영어로 유입되었다고 하기보다는 남방의 언어인 광동어가 영어로 유입되었다고 보는 편이 더 타당할 것이다.

4) 딤쌈(點心) → 딤섬(dim sum)

딤쌈(點心). 한자 '點心'으로만 놓고 보면 한국어에서는 점심, 표준중국어에서는 간식으로 쓰이는 말이다. 그런데 광동어에서는 점심도 간식도 아닌, 차와 함께 곁들여 먹는 음식을 말한다. 딤섬 하면 실과 바늘처럼 꼭 따라붙는 단어가 있으니 그게 바로 얌차(飮茶)이다.

얌차는 '차를 마시다'라는 뜻의 광동어인데, 단지 차만 마시는 것이 아니라 딤섬을 먹으면서 차를 마시는 것을 말한다. 홍콩이 외세에 개항을 한 이후에 茶居(차꼬위, 茶樓(차라우)라고도 하는데 중국식 이층 찻집을 말한다)가 생겨났는데, 초기에 이 찻집은 고급스러운 테이블과 넓게 꾸민 실내로 가격이 좀 비싼 위층과, 비교적 대중적인 느낌이 나는 저렴한 가격의 아래층으로 구분되어 있었다. 이 이층찻집에서 사람들은 얌차를 즐겼는데 차와 함께 딤섬을 먹었다.

원래 딤섬은 이처럼 차를 마실 때 곁들여 먹던 음식으로, 주연급인 차를 보조해주는 조연급의 역할이었는데 요즘은 딤섬이 따로 독립하여 주연의 역할을 하는 경우가 많아졌다. 딤섬의 조리법은 상당히 다양해서 찌기, 굽기, 삶기, 튀기기 등 모든 요리방법을 이용할 수 있는데 그 종류도 굉장히 많아서 수백 가지나 된다고 한다. 얇은 밀가루 반죽에 새우나 고기를 싸서 만든 작은 만두에서부터 네모난 찹쌀피에 새우를 넣고 돌돌 만 것, 안에 크림이 든 찐빵 같은 것, 겉 표면에 깨가 촘촘히 붙어 있는 찹쌀 도너츠 같은 것 등 상당히 많은데 심지어는 닭발찜까지 딤섬에 포함된다.

딤섬은 주로 작은 대나무 찜통이나 찻잔받침보다 조금 더 큰 접시에 보통 서너 개씩 올려 나온다. 요즘은 대부분이 일반 식당처럼 손님이 원하는 것을 주문하는 형태로 바뀌었지만, 예전에는 대부분 작은 손수레에 딤섬을 가득 싣고서(한국의 기차에서 객실 통로를 지나다니며 가지각색 간식거리를 파는 손수레를 떠올려보면 되겠다) 테이블 사이사이를 돌아다녔다. 그러면 손님들은 자신들이 먹고 싶은 것을 그 자리에서 바로 골라서 먹었다.

영어사전을 보면 'dim sum'으로 표기되어 있는 단어가 있는

▲ 새우와 고기, 오징어, 닭발 등의 각종 재료와 찌기, 굽기, 삶기, 튀기기 등의 모든 조리법이 딤섬에 사용된다.

◀ 각종 딤섬을 가득 싣고 테이블 사이사이를 돌아다니는 딤섬 수레

데 이것이 바로 지금까지 우리가 말한 딤섬, 즉 광동어의 딤쌈이다. 아마도 이러한 다양한 종류의 음식과 독특한 운반 방식이 서양인들의 눈에는 매우 신선해 보였을 것이고 그들도 이 딤섬을 광동인들처럼 즐겨먹었을 것이다. 이러한 사실은 'dim sum'이라는 단어가 뒷받침해 준다.

케첩뿐 아니라 여지와 딤섬까지… 이렇듯 음식 이름이 외국의 사전에 실려 있는 것을 보면(우리나라의 김치도 마찬가지다. 김치는 kimchi 또는 kimchee로 표기되어 있다) 음식이 문화에서 차지하는 위치가 얼마나 큰 것인지를 짐작할 수 있다. 이러한 현상은 그 지역 고유의 식문화가 얼마나 중요하며 외국인에게 얼마나 큰 영향을 미칠 수 있는지를 우리에게 다시 한 번 생각하게끔 만들어준다.

5) 다이퐁(大風) → 타이푼(typhoon)

"올 들어 가장 강력한 태풍 '○○○'이 북상하면서 내일 밤부터 전국 곳곳에 많은 비가 내릴 예정입니다." 여름만 되면 TV의 일기예보에서는 태풍의 행로를 시시각각 연일 보도하고는 한다.

잠시 고등학교 지리 시간으로 되돌아 가보자. 중심 최대 풍속이 초속 17미터 이상인 열대 저기압을 발생 지역에 따라 허리케인, 사이클론, 윌리윌리, 태풍 네 가지로 분류하는데, 북대서양과 카리브해, 멕시코만에서 발생하는 열대성 저기압은 허리케인, 인도의 벵골만과 아라비아해에서 발생하는 열대성 저기압은 사이클론, 오스트레일리아에서 발생하는 열대성 저기압은 윌리윌리, 북태평양 남서부에서 발생하여 아시아 대륙 동부로 불어오는 열대성 저기압은 태풍이라고 한다.

주로 아시아 대륙이 주 무대인 태풍은 영어로 타이푼(typhoon)이라고 하는데, 얼핏 보기에는 태풍이 타이푼의 음역인 것 같지만 사실은 그 반대이다. '타이푼'은 광동어의 '다이퐁(大風, 큰 바람)'에서 비롯되었다.

북태평양 남서부에서 발생하여 아시아 대륙 동부로 불어오는 열대성 저기압 태풍

태풍은 종종 중국 남동부 해안을 강타하는데 홍콩을 비롯한 광동지역이 바로 이 중국의 남동부에 위치해 있다. 광동의 어부들은 이 열대성 저기압을 '다이퐁'이라고 불렀고, '다이퐁'이 영어권으로 들어가서는 타이푼으로 불리게 되었다. 그 후 이 타이푼이 표준 중국어로 역수입되어 들어와 '타이펑(颱風)'이 되었는데, 우리나라에서는 '颱風'을 한자음으로 읽어 태풍이라고 하게 되었다.

주로 7~9월 방학과 휴가가 맞물리는 시기에 찾아오는 태풍. 이 시기에는 항상 태풍에 대비하여 예상치 못한 사고를 당하는 일이 없도록 해야 할 것이다.

02

광동의 지역적인 특성과 관련 있는 어휘

1) 얼음(雪)

홍콩이나 광동에서는 얼음과 관련 있는 단어를 '冰'이 아닌 '雪'로 쓴다.

홍콩과 광동, 대만 같은 중국의 남쪽 지역은 일 년 내내 눈이 내리지 않는다. 그렇기 때문에 눈을 보기 위해 겨울에 한국을 찾는 관광객들이 꽤 있었는데 언제부터인가 이들이 몇 배로 늘어나기 시작했다. 바로 겨울연가 방영 이후부터이다. 한국에 별로 관심이 없던 사람들도 눈을 구경하러, 그리고 겨울연가 촬영장소를 찾으러 하나 둘씩 한국에 오기 시작했다.

박사논문을 마무리하던 무렵에는 케이블 TV에서 이 겨울연가를 하루 두 세 차례씩 매일같이 방송을 해주었는데(끝나면 처음부터 또 해주고 끝나면 또 해주고 했다) 타지에서 고국의 드라마를 보면서 힘든 시기를 잘 넘겼던 것 같다(더군다나 그때는 사스가 창궐했던 시기였다).

눈이 내리지 않는 기후적인 특성은 언어에서도 그대로 반영되

 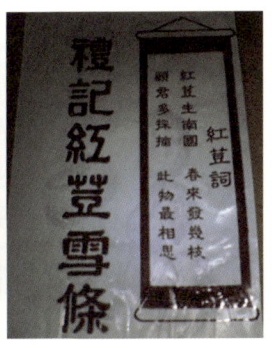

좌) 쉿꼬우(雪 糕, 아이스크림)
우) 쉿티우(雪 條, 아이스케키)

는데, 광동어에서는 '눈(雪)'이라는 글자를 사용한 단어들이 대부분 눈과는 상관없는 경우가 많다.

예를 들어 '쉿꼬우(雪糕)'는 아이스크림, '쉿티우(雪條)'는 아이스케키, '쉿꽈이(雪櫃)'는 냉장고라는 뜻이다. 이처럼 얼음과 관계있는 단어들을 모두 '눈(雪)'이라는 단어로 표현하고 있는데, 눈이 내리지 않기 때문에 '얼음(冰)'을 대신해서 쓰게 되었다.

그럼 정말 눈을 말할 때는 어떻게 할까. '한국에는 겨울에 눈이 내려요' 같은 말을 할 때 말이다. 그럴 때는 그냥 위의 단어들과 똑같이 '쉿(雪)'이라고 말하면 된다. 예를 들어 '눈이 내리다'는 '록쉿(落雪)'이라고 하면 된다.

얼음과 눈을 구별하지 않고 쓰는 현상. 아마도 눈이 내리는 지역에서는 절대 이렇게 쓰지 않을 것이다.

2) 목욕하다(沖涼)

지금은 보기 힘들지만(TV에서 시골 풍경을 비춰주는 프로그램에서는 가

찬물을 몸에 끼얹어 시원하게 만드는 것이 목욕하다는 뜻의 '총렝(沖涼)'이다.

끔 볼 수 있다) 우리 어렸을 때에는 여름철에 등목하는 장면들을 자주 볼 수 있었다. 엎드려뻗쳐 자세를 하고 있으면 바가지나 플라스틱 호스로 등 부분에 사전 예고도 없이, 갑자기, 사정없이 차가운 물을 들이붓게 되는데 그러면 힘든 자세로 아래에서 대기하고 있던 사람들은 물이 닿는 순간 몸을 다들 조금씩 비틀면서(어떤 사람은 심하게, 또 어떤 사람은 심장 부위를 열심히 마사지하기도 하면서) 입으로는 하나같이 '으~~~으~~~' 하는 소리를 내곤 했다(그런데 희한하게도 물을 부어주는 사람은 대부분 엄마나 할머니 같은 여성들이었다. 남자들이 해주는 경우는 거의 못 본 것 같다).

광동어를 사용하는 지역은 아열대기후이다 보니 한국보다 훨씬 더 덥다. 그래서 그 지역 사람들은 여름이 되면 시원한 물로 자주 몸을 씻었는데 이를 광동어로는 '총렝(沖涼)'이라고 한다. '총(沖)'은 물을 끼얹는 것, 물로 씻어 내는 것을 말하고 '렝(涼)'은 시원한 것을 말한다. 물을 끼얹어서 시원하게 되는 것이 바로 '총렝(沖涼)'인데 찬물로 몸을 씻고 나면 한결 시원해지기 때문에 이렇게 쓰게 된 것으로 보인다. 이 단어가 광동어에서는 '목욕하다'는 뜻으로 쓰이게 되었다. 이 역시 기후의 영향으로 인해 생겨난 어휘로 이 단어만 보면 항상 어릴 적에 보았던 등목이 생각난다.

3) 뱀, 고양이, 닭으로 만든 요리(龍虎鳳)

'롱푸퐁(龍虎鳳)'은 용과 호랑이와 봉황이지만 이는 이 세 가지

동물을 뜻하는 것이 아니라, 광동 지역에서 흔히 즐겨먹는 뱀과 고양이, 닭을 이용하여 만든 요리를 말한다.

옛날 광동지역 사람들은 뱀과 고양이와 닭이 몸에 좋은 보양식품이라고 하여 대부분 집에서 직접 길러서 먹었다. 가을이나 겨울이 되면 고양이나 닭을 잡았고 산에 들어가 뱀을 잡아오기도 했다.

광동지역 사람들이 이렇게 뱀을 용이라고 한 이유는 뱀과 용의 모양이 서로 비슷하게 생겼기 때문이다. 고양이를 호랑이라고 한 이유 역시 호랑이가 고양이과 포유류에 속하는 데에다 크기는 다르지만 그 모습이 유사하다고 생각했기 때문이다. 닭을 봉황이라고 한 것 역시 이와 마찬가지로 봉황이 닭의 모습과 흡사하다고 여겼기 때문이다.

'롱푸퐁(龍虎鳳)'은 뱀을 끓여서 만든 국과 뭉근한 불에 오래 푹 끓인 고양이 고기, 그리고 푹 곤 닭의 국물을 말하는데 이밖에 뱀과 고양이, 닭을 한꺼번에 넣고 볶은 볶음요리도 이에 해당한다.

이밖에 '롱푸다우(龍虎鬪)'라는 요리도 있는데 이는 뱀 고기와 고양이 고기를 같이 넣고 볶은 것을 가리킨다. 글자만 보면 '용과 호랑이가 싸운다'라는 뜻 같지만 이는 결투와는 관계없는 요리의 이름이다.

이전의 광동 사람들은 같이 모여서 이 특이한 요리를 즐겨 먹었는데 요즘은 위생적으로 문제가 되기 때문에 중국정부에서는 고양이와 같은 동물들을 먹지 못하게 금함과 동시에 뱀 역시 합법적인 도살 절차를 거쳐야만 판매를 할 수 있도록 하였다. 그렇지만 낙후된 시골지방에서는 이를 어기고 아직도 고양이를 몰래 먹고 있다.

중학교 시절 같은 반 친구가 몸이 많이 아파 고양이 고기를 먹고 있다는 말을 듣고서 대경실색을 한 적이 있었다. 고양이 고기가 몸이 아픈 사람에게 좋다고 해서 민간요법 차원에서 먹고 있다는 것이었다. 그 친구는 특수한 경우였지만 한국에서는 고양이가 보양음식이라고 하여 즐겨먹거나 하지는 않는다.

그렇지만 땅에서 나는 것은 의자 빼고는 다 먹는다는 중국 사람들에게 고양이는 몸을 보신시켜주는 보양식으로 인식이 되어 있는 것 같다. 2002년과 2003년에 전 세계를 강타한 전염병 사스 역시 이러한 동물들에게서 전염이 된 것으로 보고되었는데, 단순히 야생동물을 먹는다는 이유보다는 불결한 위생 상태와 이에 대한 인식부족으로 발병이 된 것으로 보인다.

사스 공포가 전역을 휩쓸던 당시, 광동지역의 야생동물 도살장을 TV에서 방송해 준 적이 있었다. 한눈에 봐도 아주 시골지역이었는데 바닥에는 여기저기 피가 흥건히 고여 있었고 나무도마와 그 위에 아무렇게나 던져져 있던 칼에도 피가 묻어 있었다. 동물들을 숨도 못 쉴 정도로 빽빽이 가두어놓은 쇠로 만든 우리는 녹이 있는 대로 슬어 있었는데, 더군다나 그곳은 건물이 아니라 공터같이 개방된 곳이라 병균이 여기저기 다 날아다닐 것처럼 보였다.

기자가 도살업자와 인터뷰를 하면서 왜 저런 야생동물들을 먹느냐고 물었더니 업자가 하는 말이 "독 있는 복어도 먹는데 독 없는 저런 동물들을 못 먹을 이유가 뭐가 있느냐."고 했다. 뭐 어떻게 생각해보면 전혀 틀린 말은 아니었지만 너무도 당당하고 자신 있게 말하는 모습을 보니 정말 기가 막혔다. 그러면 좀 위생적으로 처리해서 전염병이 퍼지지 않도록 조심을 하던가.

해마다 신종 인플루엔자가 급속도로 퍼지는 것을 보면서 발병 후에 병을 치료하는 것보다 발병하기 전에 이를 예방하는 것이 얼마나 중요한 것인지를 새삼 느끼고는 한다.

4) 연애하다(拍拖)

길을 갈 때나 지하철을 타고 갈 때 보면 젊은 남녀들이 서로 팔짱을 끼거나 어깨동무를 하고 있는 경우를 자주 본다. 학교 안에서도 이런 모습을 자주 볼 수 있는데 우리가 대학 다니던 시절과는 많이 달라 격세지감을 느끼곤 한다.

광동어에는 '팍토(拍拖)'라는 말이 있는데 남녀가 서로 연애하다라는 뜻으로 쓰인다. 글자 그대로 해석해서 '손으로 가볍게 때려주고(拍)' '서로 끌어주고(拖)' 즉 서로 밀고 당기기 하면서 연애한다는 말인가 보다라고 생각할 수도 있는데 전혀 그런 뜻이 아니다.

연애할 때 남녀가 손을 잡거나 팔짱을 끼고 나란히 걷는 모습이 배가 나란히 가는 모습과 비슷하다고 여겨 '팍토(拍拖)'라고 하게 되었다. '팍토'는 동력기를 장착한 배가 그렇지 않은 배를 끌고 가는 것을 말한다.

'팍토(拍拖)'는 원래 동력기가 장착된 배가 그렇지 않은 배를 끌고 항행하는 것을 뜻하는 말이었다. 두 척의 배가 나란히 가는 모습을 보고 한 쌍의 연인에 비유하게 되었는데, 남녀가 팔짱을 끼고 걸어가는 모습이 배가 나란히 가는 모습과 흡사하다고 여겨 이러한 단어를 만들게 되었다.

1920년대 전후로 홍콩에 자유연애 풍조가 생겨나면서 남녀들이 서로 자유롭게 만날 수가 있었는데, 아무리 자유롭게 만날 수 있다고 하더라도 남녀가 밖에서 만날 때는 여전히 길거리에서 손을 잡고 걸어 다니거나 할 수가 없었다. 그래서 한사람은 앞에서 걸어가고 한 사람은 그 사람의 뒤를 따르는 식으로 걸어가게 되었는데, 이 모습이 배 한 척이 다른 배를 끌고서 항해하는 것처럼 보였다.

그러다 세월이 흘러 더욱 더 개방적인 풍토가 조성되었는데 이때에는 남녀들이 길거리에서도 서로 자연스럽게 손을 잡거나 팔짱을 끼고 다녔다. 이렇게 남녀가 서로 나란히 걷는 모습 또한 배가 나란히 가는 모습과 유사하다고 여기게 되어 '팍토(拍拖)'라고 하게 되었다.

이렇듯 두 남녀가 서로 앞뒤로 혹은 나란히 걸어가면서 연애하는 모습에서 '팍토(拍拖)'가 '연애하다'라는 뜻이 되었는데, 광동지역은 바다와 인접한 지역이기 때문에 이렇게 선박과 관계되는 단어가 실생활에 스며들어 그 지역 고유의 단어를 만들어내게 되었다.

5) 독신녀(自梳女)

요즘은 결혼을 하지 않고 혼자 사는 남녀들이 많이 늘어나고 이에 따라 이들을 보는 시각들도 많이 관대해졌지만, 80~90년대만 하더라도 남녀 불문하고 어느 정도 나이가 들면 결혼을 하는 것이 지극히 당연하다는 풍조가 사회 전반에 자리 잡고 있었다. 그리고 결혼하지 않는 사람들을 무슨 말 못 할 사정이나 사연을 가진 문제 있는 사람들처럼 취급하기도 했다. 그래서 그런지 그 당시에는 자신의 의지와는 상관없이 그냥 주위에 떠밀려서 결혼을 하거나 혹은 이상한 사람 취급받지 않으려고 서둘러 결혼해 버리는 경우도 많았다.

20세기 말에도 그러했을진대 19세기에는 오죽 했을까. 그런데 놀랍게도 19세기 말 중국의 광동지역에서는 여성들이 결혼하지 않고 평생 독신으로 사는 풍습이 있었다. 이러한 여성들을 '지쏘노위(自梳女)'라고 불렀는데, 이 단어는 '지쏘(自梳)'에서 유래하게 되었다.

'스스로 머리 빗다'는 뜻의 '지쏘(自梳)'는 결혼하지 않고 혼자 살겠다는 것을 나타내는 것으로, 여기에서 생겨난 '지쏘노위(自梳女)'는 결혼하지 않고 혼자 사는 여자를 가리키는 말이다. 예전에는 결혼하면 친정 어머니가 머리를 빗겨 쪽을 지어주었는데, '지쏘노위'는 이와는 반대로 스스로 쪽을 지어 영원히 독신으로 살겠다는 것을 나타내었다. 사진은 양채니(楊釆妮), 유가령(劉嘉玲) 주연의 영화 '지쏘(自梳)'의 포스터

'지쏘(自梳)'는 글자 그대로 풀이하면 '스스로 머리 빗다'라는 뜻이다. 옛날에는 여자가 시집을 가게 되면 친정어머니가 머리를 빗겨 준 다음 틀어 올려 쪽을 지어 주었다. 그런데 '지쏘노위(自梳女)'는 스스로 머리를 틀어 올려 쪽을 지었다. 이렇게 스스로 쪽을 지어 영원히 독신으로 살겠다는 뜻을 나타낸 것이다.

지쏘(自梳)는 주장삼각주(珠江三角洲(주강삼각주). 중국 주장(주강) 하구의 광저우, 홍콩, 마카오를 연결하는 삼각지대를 말한다) 일대에만 존재하는 특이한 풍습으로 명나라 중기에 출현하여 청나라 말기에 최고조에 달했다가 1930년대에 이르러 봉건사회가 점점 와해되고 부녀자의 지위가 높아짐에 따라 차츰 쇠퇴하기 시작하였다.

순더(順德-광저우와 장먼 사이에 위치) 지역의 문헌기록을 살펴보면 이에 대한 내용을 자세히 알 수 있는데 그 전후사정은 다음과 같다.

당시 순더 지역은 양잠업이 발달하여 많은 여성들이 이 일에 종사하게 되었는데 그 덕에 많은 수입을 올리게 되어 경제적으로 독립을 할 수 있었다. 이들은 언니나 여동생이 시집을 간 후에 혹독한 시집

주장삼각주(珠江三角洲, 주강삼각주)는 주장(珠江, 주강)하구의 광저우, 홍콩, 마카오를 연결하는 삼각지대를 말한다.

살이에 시달리면서 속박당하는 것을 보고 자신들은 평생 독신으로 살 것을 결심하게 되는데 이로 인해서 '지쏘노위(自梳女)'가 생겨나게 되었다. 순더 지역과 마찬가지로 주장삼각주 일대의 지역이 모두 이러한 지쏘(自梳)의 풍습이 있었다. 이들은 길일을 택해서 스스로 머리를 틀어 올리는 독특한 의식을 행했는데 이러한 의식을 행한 뒤에는 절대 취소할 수 없었기 때문에 평생을 혼자서 살아야만 했다. 이들은 결혼한 여성들과는 달리 스스로 자립하여 밖으로 나와 일도 하고 장사도 했다.

탄탄한 경제력을 바탕으로 독신생활을 즐기는 21세기 한국의 골드미스와 19세기 중국의 지쏘노위. 이 두 부류의 여성은 서로 처한 사회적인 환경은 많이 다르지만 경제력이라는 공통점은 상당히 많이 닮아있는 듯하다.

6) 간호사(姑娘)

꾸냥(姑娘). 중국 사극을 보다 보면 이 '꾸냥'이라는 말이 자주 등장하는데 결혼하지 않은 여성 즉 아가씨를 가리킨다. 그런데 광동어에서는 이 꾸냥이 아가씨가 아닌 간호사를 지칭하는 말이다. 왜 그렇게 되었을까.

원래 이 꾸냥(광동어에서는 '꾸넹'이라고 발음한다)이라는 말은 수녀님들을 가리키는 말이었는데 후에는 간호사를 가리키는 말로 바뀌게 되었다.

광동지역에 최초로 서구식 병원이 들어섰을 당시에는 카톨릭 교회에서 전담하여 병원을 운영하였는데 그 중 간호사의 역할은 모두 수녀님들이 담당을 했다. 수녀님들은 모두 결혼을 하지 않은 미혼 여성이었기 때문에 광동지역 사람들이 처음에는 아가씨라는 뜻인 '꾸냉(姑娘)'으로 불렀던 것 같다. 그러다 수녀님들이 담당하던 역할인 간호사라는 뜻으로 바뀌게 되었고 지금까지도 간호사를 '꾸냉'이라고 부르고 있다.

가난하고 아픈 사람들을 위해 평생을 바쳤던 '마더 테레사'

어릴 적 TV에서 테레사 수녀님을 보았던 기억이 난다. 가난하고 아픈 사람들을 위해 평생을 바치신 분. 주름이 많던 할머니의 얼굴에서 '저 사람들을 위해 일생을 사셨구나'하는 느낌을 강하게 받았었다. 수녀님을 지칭하던 간호사라는 뜻의 '꾸냉'과 마더 테레사의 얼굴이 겹쳐 떠오른다.

7) 서양사람(紅毛頭)

'홍모우타우(紅毛頭, 서양사람)'에서의 '홍모우(紅毛)'는 붉은 털이라는 뜻으로 광동사람들은 서양 사람을 가리킬 때 이렇게 말한다. 그리고 '타우(頭)'는 머리가 아니라 상대방을 비하하는 뜻으로 쓰인다. 그래서 '홍모우타우(紅毛頭)'는 우리말로 해석하자면 서양사람 보다는 양놈에 더 가깝다.

명나라와 청나라 시기에 네덜란드 사람을 '홍모우(紅毛)'라고 불렀는데, 중국의 사서(史書) 중의 하나인 명사(明史)에 다음과 같은 내용이 나타나 있다. '화란(네덜란드)은 紅毛番이라고도 한다.…… 여기 사람들은 눈이 푹 들어가고 코가 길쭉하며, 머리카락, 눈썹, 수염이 모두 붉은색이다(和蘭, 又名紅毛番,…… 其人深目長鼻, 髮眉鬚皆赤.)' 이처럼 외형적인 모습을 보고 네덜란드 사람들을 '홍모우(紅毛)'라고 하게 되었다.

특히 광동지역 사람들은 네덜란드 해적들을 가리켜 이렇게 불렀는데, 그러다 이후에는 모든 서양 사람들을 지칭하는 말로 바뀌게 되었다. 그런데 왜 네덜란드 사람이 서양 사람을 대표하는 말이 되었을까. 그 당시에는 네덜란드 사람보다는 영국 사람들을 훨씬 더 많이 볼 수 있었을 텐데 말이다. 그 이유는 광동지역 사람들이 네덜란드 사람들에 대해 좋지 않은 기억을 가지고 있었기 때문이었다.

16세기 초에 무장을 하고 중국에 나타난 서양인들이 있었는데 그들은 포르투갈 사람들이었다. 이들이 1553년에 마카오를 침공하게 되지만 그래도 당시에는 중국(명나라)의 국력이 비교적 강성하던 때여서 그랬는지 포르투갈과 명나라는 우호적인 관계를 맺게 되었다. 그래서 지방 관리들과 백성들은 별 탈 없이 무사하게 잘 지낼 수 있었다. 그러다 17세기 초에 식민주의(植民主義) 세력으로 새롭게 부상한 네덜란드가 남양(南洋. 태평양의 적도를 경계로 하여 그 남북에 걸쳐 있는 지역을 통틀어서 이르는 말이다. 마셜, 마리아나, 캐롤라인과 같은 군도와 필리핀제도, 보르네오 섬, 수마트라 섬 등을 포함한다)으로 쳐들어오게 되었고, 1601년에는 중국 남동 지역의 연해에 나타나 중국과의 무역을 시도하려고 하였다. 그러다 거절당하자 마카오에서 포르투갈과 격전을 치르게 된다. 전쟁에서 승리한 네덜란드는 포르투갈의 점령지역을 빼앗고 그들을 차츰차츰 인도네시아로 쫓아버렸다. 그 후 네덜란드와 중국과의 전쟁상태는 반세기 동안 지속되게 되었고, 이로 인해 네덜란드 해적들은 중국 남동 연해 지역의 백성들에게 가장 고통스럽고 공포적인 상대가 되어버렸다. 그들은 수시로 약탈을 일삼아 광동지역 사람들의 뇌리에 좋지 못한 강한 인상을 남기게 되었고, 그 후에 광동지역 사람들은 서양 사람이라고 하면 바로 그 못된 마귀 같은 '홍모우(紅毛, 네덜란드 사람)'를 떠올리게 되었다. 이러한 이유로 '홍모우타우'가 서양사람을 지칭하는 말이 되었다.

우리에게는 히딩크와의 인연으로 각별하게 느껴지는 나라 네덜란드. 역사적인 상황과 문화적인 상황에 따라 어떤 나라에게는 우호적인 느낌으로 다가오고 또 어떤 나라에게는 아픈 기억으로 남게 되는 것 같다.

8) 꼬투리째 먹는 완두콩(荷蘭豆)

'호란다우(荷蘭豆)'에서의 '호란(荷蘭)'은 네덜란드를 말한다. 위의 '홍모우타우(紅毛頭)'에서 살펴본 문헌자료에서는 네덜란드를 '和蘭'이라고 했지만 지금은 '荷蘭'이라고 한다. 그렇다면 '호란다우(荷蘭豆)'는 무엇일까. 네덜란드 콩? 그렇다면 네덜란드 콩은 어떻게 생겼을까.

'호란다우(荷蘭豆)'는 글자 그대로 해석해서 네덜란드 콩이 아니라 식용이 가능한 부드럽고 연한 완두콩의 꼬투리, 즉 껍질째 통째로 먹을 수 있는 완두콩을 가리킨다.

한국에서 보편적으로 볼 수 있는 완두콩의 꼬투리는 딱딱하기 때문에 먹지 못하지만 광동 지역에서 즐겨 먹는 이 '호란다우(荷蘭豆)'는 부드럽기 때문에 식용이 가능하다. 이 꼬투리째 먹을 수 있는 완두콩의 품종은 대략 근대시기에 서양에서 전해 들어 온 것으로 보고 있다. 특히 이 과정에서 네덜란드 사람들이 들여왔을 것이라 생각

좌) 꼬투리째 먹는 완두콩
'호란다우(荷蘭豆)'
우) 호란다우 오징어 볶음

해서 '호란다우(荷蘭豆)'라고 부르는 것이다.

'홍모우타우(紅毛頭)'도 그렇고 '호란다우(荷蘭豆)'도 그렇고 서양 사람을 지칭하는 말이나 서양에서 전해 들어온 품목들을 말할 때 모두 네덜란드와 연관을 지어 말하는 것을 알 수 있다. 그만큼 네덜란드는 긍정적인 부분이건 부정적인 부분이건 광동지역 사람들에게 많은 영향을 끼친 나라임에는 틀림없다.

완두콩 이야기를 하다 보니 문득 어린 시절 읽었던 동화 두 편이 생각난다. '완두콩 오형제'와 '공주와 완두콩'이라는 동화인데 다들 읽어 본 적이 있을 거라 생각된다. '완두콩 오형제'에서는 한 꼬투리 속에서 사이좋게 지내던 다섯 개의 완두콩 형제가 등장하는데 어느 날 꼬투리가 심하게 흔들리면서 다섯 형제는 바깥 세상으로 나오게 된다. 알고 보니 한 소년이 새총의 총알로 사용하기 위해서 꼬투리를 비튼 것이었는데 오형제는 소년을 벗어나 멀리 달아나게 된다. 그 와중에 첫째와 둘째는 비둘기 밥이 되고 셋째와 넷째는 하수도 안에 떨어져 버렸다. 막내 완두콩은 어느 병든 소녀가 누워 있는 창가로 날아가게 되었는데 추운 겨울이 지나고 봄이 오자 싹을 틔우게 되고 소녀는 완두콩을 보면서 자신의 병도 곧 나을 거라 생각했다. 완두콩은 잘 자라 꽃봉오리를 맺게 되었고 완두콩의 키가 자랄수록 소녀는 점점 더 건강

해지고 병도 낫게 되었다.

또 다른 동화 '공주와 완두콩'에서는 완두콩이 주인공이 아닌, 공주와 왕자가 결혼할 수 있도록 만든 일등 공신으로 나온다. 옛날 옛적 결혼을 몹시도 하고 싶어 하는 왕자가 살고 있었는데 이 왕자는 무늬만 공주가 아닌 순도 백퍼센트의 진짜 공주와 결혼을 하고 싶었다. 그래서 온 세상을 다 돌아다녀 봤지만 안타깝게도 생각처럼 쉽게 찾을 수가 없었다. 그러던 어느 날 무시무시한 천둥번개가 치고 장대비가 쏟아지던 밤 누군가 성문을 두드리고 있었다. 문을 열어보니 장대비에 온몸이 흠뻑 젖은 아가씨가 자신이 공주라며 하룻밤 묵어가기를 청했다(정말 겁도 없다). 왕비는 그녀가 진짜 공주인지 아닌지 시험해 보기 위해서 침대에 완두콩 한 알을 놓고 그 위에 매트리스 스무 장을 깔아 놓았다. 그녀가 진짜 공주라면 불편해서 제대로 잠을 잘 수 없을 테니까. 다음 날 아침 궁금해진 왕비가 그녀에게 가서 안부를 물었고 그녀는 침대 밑에 뭐가 있었는지 밤새 한잠도 못 잤다고 말했다. 이에 왕비와 왕자는 그녀가 공주임을 확신하게 되고 왕자는 그녀와 결혼을 하게 된다.

이렇게 외국 동화('완두콩 오형제'는 덴마크의 작가 안데르센의 작품이다)에서는 완두콩이 동화의 소재가 되는 경우가 자주 있지만 우리나라에서는 그렇지 않은 것 같다. 아마도 완두콩이 외국에서 들여온 품종이기 때문에 그럴 것이다.

동화에 이렇게 완두콩이 자주 등장하는 걸 보면 '잭크와 콩나무'에 나오는 주인공 잭크가 소와 바꾼 콩도 혹시 이 완두콩이 아니었을까.

9) 외국으로 팔려간 노동자(賣猪仔)

'마이쮀자이(賣猪仔)'는 19세기 말부터 20세기 초까지 인신매매범에게 속임을 당하고 외국으로 팔려가 중노동에 시달렸던 중국인 근로자를 칭하는 말이다. 그들은 계약서에 서명을 하는 순간 모든 자유를 잃고 가축 취급을 당했기 때문에 이러한 말이 생겨나게 되었다. 그야말로 근대판 신체포기각서라고 할 수 있겠다. '마이쮀자이(賣猪仔)'에서 '마이(賣)'는 우리가 잘 알고 있는 '팔다'라는 뜻이고 '쮀자이(猪仔)'는 돼지새끼 즉 새끼돼지를 말한다. 그들은 인간이 아닌 가축 취급을 당했기 때문에 팔려간 새끼돼지라는 뜻으로 '마이쮀자이(賣猪仔)'라고 불렸다.

이렇게 외국으로 팔려나간 광동지역의 노동자들이 상당히 많았는데 이들은 미국이나 캐나다, 오스트레일리아 심지어는 쿠바나 페루까지 팔려가게 되었다. 그 지역에서 황금채굴이나 철도공사, 사탕수수 재배등과 같은 일에 투입되어 고된 육체노동에 시달리게 되었는데 이들 중 많은 수의 사람들은 다시는 중국으로 돌아오지 못했고 또 많은 수의 사람들은 극도의 피로와 영양부족으로 그곳에서 생을 마감했다.

역사상 가장 유명한 골드러시는 1849년 미국의 캘리포니아주에서 출현했는데 이 지역에서 발견된 금을 채취하러 많은 사람들이 몰려들었다. 미국뿐 아니라 유럽과 중남미, 중국 등지에서 약 10만 명의 사람들이 이 캘리포니아로 이주해 왔다. 이들 중 중국 사람들은 대부분 '마이쮀자이(賣猪仔)'의 신분으로 오게 되었는데, 청나라 정부가 아편전쟁에서 대패한 이후, 백인들이 중국에 들어와 광동지역 사람들을 꼬드겨 황금채굴 용도로 캘리포니아로 데려간 것이었다. 그곳에서

'마이쮜자이'들은 백인 감독들에게 속아 모든 권리를 박탈당하고 힘든 생활을 해야만 했다. 맨 처음 황금채굴에 참가한 '마이쮜자이'들은 거의 한 명도 고향으로 돌아오지 못하고 그곳에서 객사했다.

고등학교 시절 중간고사가 끝나고 전교생이 단체로 관람한 영화중에 찰리채플린의 '골드러시(The Gold Rush, 황금광시대)'라는 영화가 있었다. 구두를 스테이크처럼, 구두끈을 스파게티처럼 맛있게 먹는 장면이 꽤 인상 깊었던 영화였는데, 배경은 캘리포니아가 아닌 알래스카였다.

장소가 어디가 되었건 많은 사람들이 일확천금을 노리고 무모한 도전을 했던 것은 틀림없었던 것 같다. 그리고 그 무모한 도전 뒤에는 그들의 희생양이 되었던 많은 중국 사람들이 있었다.

재작년쯤 TV에서 외국인 근로자가 주인공으로 등장하는 영화를 소개해주었는데 한국에서 차별받는 그들의 실상을 사실감 있게 보여주었다. 만원 버스 안, 외국인 근로자의 옆 좌석이 비어 있었지만 아무도 옆에 와서 앉지 않았다. 그리고 상점에서 물건을 사고 난 후 거스름돈을 받으려고 손을 내밀었지만, 주인은 잔돈을 손에 쥐어주지 않고 그냥 카운터 위에 올려놓아 버린다. 색안경을 끼고 그들을 바라보는 우리의 모습을 다시 한 번 돌아보게끔 하는 영화였다.

대학로 혜화로터리 부근에 위치한 동성중고등학교 담장 옆에는 매주 일요일마다 필리핀 시장이 열린다. 우리식으로 하면 7일장 정도가 되겠는데 예전에 보지 못했던, 한국에서는 보기 힘든 물건들을 많이 접할 수 있다. 대부분이 식료품으로 각종 통조림에 먹을거리들, 심지어는 어른 남자 팔뚝만한 생선까지 정말 다양한 상품들을 만나볼 수 있다.

대학로 혜화로터리에서 일요일마다 열리는 필리핀 시장. 가지 각색 통조림과 갖가지 먹을거리가 보는 사람 눈을 즐겁게 한다.

그곳은 물건도 팔고 고향사람들끼리 만나 담소도 나누는, 만남의 장 성격의 미니 장터였다. 열심히 살고 있는 그들을 보면서 외국에 나와 얼마나 힘든 생활을 하고 있을까, 그래도 저렇게 즐겁게 지내는구나 하는 생각이 들었다.

한국에 오기 전 '때리지 마세요. 나도 사람입니다'를 제일 먼저 배운다는 외국인 노동자들. 부리부리한 눈매에 순박한 인상을 가진 이들이 21세기 한국판 '마이쮜자이'가 되지 않기를 간절히 바래본다.

03
불길한 뜻을 가진 글자와 똑같은 발음의 글자는 쓰지 않는다

　　　　　지금은 그런 경우가 많이 없어졌지만 내가 중고등학교에 다닐 때만 해도 미신적인 요소들이 꽤 많았다. 숫자 '4'는 죽을 '死' 자와 발음이 같아서 불길하다느니, 빨간색으로는 절대로 이름을 쓰면 안 된다느니 하는 것들 말이다(아참, 사람 진짜 황당하고 어이없고 왠지 모르게 불안하게 만드는 그 '행운의 편지'라는 것도 있었다).

　　　　　그 중에서도 특히 연인들 사이에서는 금기시해야 할 사항이 유난히도 많았던 것 같다. 손수건을 선물로 주면 이별을 하게 된다는 둥, 신발을 선물해 주면 그 신을 신고 나를 떠나가 달라는 무언의 이별 선언이라는 둥. 이것 말고도 더 많았던 것 같은데 지금은 기억이 가물가물하다.

　　　　　한국과 마찬가지로 중국 역시 미신적인 요소를 많이 지니고 있는데, 중국에서는 단어를 바꾸어 불길한 징조를 없애려는 시도를 많이 했다. 이는 표준중국어에서나 방언에서나 똑같이 나타나는 현상으로, 예를 들어 표준중국어를 사용하는 지역에서는 연인끼리 절대로 배를 나누어 먹지 않는다. 그 이유는 배를 나누어 먹는다는 말(分梨, 편리)과 헤어지다(分離, 편리)라는 말의 발음이 '편리'로 똑같으므로 불길하다고 여겼기 때문이다. 배를 나누어 먹지 않는 것은 물론 배를 뜻하는 '리쯔(梨子)'라는 단어를 아예 '위안궈(圓果, 둥근 과일)'라고 바꿔 부르기까지 한다.

또 다른 예를 들어보면 우산(傘)을 '위가이(雨蓋, 비 덮개)'라고 바꿔 부르는데 '싼(傘)'이 흩어지다라는 뜻의 '싼(散)'과 발음이 같기 때문이다(성조는 다르지만 발음은 같다).

광동어를 사용하는 지역에서는 표준중국어를 사용하는 지역보다 이러한 금기 현상이 더욱 더 두드러지게 나타나는데, 특히 불길한 뜻을 나타내는 말과 반대되는 상서로운 뜻의 글자들을 사용하여 심리적인 불안감을 없애려고 많이 노력하였다.

1) 혀(舌 → 脷) : '舌'은 '손해보다(蝕)'와 발음이 같으므로 쓰지 않음

'설(舌)'은 다들 알다시피 '혀'라는 뜻이다. 그런데 광동지역에서는 혀를 '舌'이 아닌 '脷'로 바꾸어 쓴다. 왜 이 지역에서는 혀를 '舌'이 아닌, 게다가 어디서 본 적도 없는 이상하게 생긴 '레이(脷)'라는 글자로 바꿔서 쓰는 걸까.

그 이유는 바로 발음에 있다. 광동어에서 '舌'은 '싯'이라고 발음하는데 이 글자와 똑같이 발음되는 글자가 또 하나 있다. 바로 '蝕'인데 이 글자는 '손해보다'라는 뜻을 가지고 있다. 광동어를 사용하는 사람들은 이 두 글자의 발음이 똑같기 때문에 혀를 '싯(舌)'으로 쓰는 것은 불길하다고 여겨, 손해보는 뜻과 반대되는 이롭다는 뜻의 글자 '레이(利)'로 바꾸어 쓰게 되었다. 그런데 혀는 몸의 일부분이므로 '利'에 신체 부위를 나타내는 부수 '육달월(月)'部를 첨가하여 '레이(脷)'라는 글자로 대신하여 쓰게 되었다.

구운 소 혀(牛脷)

예를 들어 돼지 혀는 '쥐싯(猪舌)'이 아닌 '쥐레이(猪脷)'로, 소 혀는 '아우싯(牛舌)'이 아닌 '아우레이(牛脷)'로 쓴다. '쥐레이(猪脷)'나 '아우레이(牛脷)'는 대부분 식재료로 사용된다.

맨 처음에는 동물의 혀만 '레이(脷)'라고 했으나 나중에는 사람의 혀도 이렇게 부르게 되었다.

2) 간(肝 → 膶) : '肝'은 '마르다(乾)'와 발음이 같으므로 쓰지 않음

'간(肝)'은 몸에 위치한 장기 중의 하나로, 광동어에서는 이 글자 대신 '윤(膶)'을 사용하고 있다. '肝'은 광동어로 '꼰'이라고 읽는데 이는 '마르다'라는 뜻을 가진 '꼰(乾)'과 발음이 똑같다. 그렇기 때문에 이와는 반대되는, 충분히 물에 젖은 상태를 나타내는 '윤(潤)'으로 바꾸어 쓰게 되었다. 그런데 이 '꼰(肝)'이 몸의 일부분으로 '육달월(月)'部를 사용하고 있기 때문에 '윤(潤)'도 이에 따라 '물수변(氵)'을 '月'로 바꾸어 '윤(膶)'으로 쓰게 되었다.

돼지 간(猪膶) 요리

광동어를 사용하는 사람들은 돈을 물에 비유하기를 좋아하는데, 물기가 없이 바싹 말라버리는 것은 돈이 말라버리는 것과 똑같다고 생각했기 때문에 너무나 불길하다고 여겨 이렇게 마르지 않는다는 뜻의 글자로 바꾸어 쓰게 되었다. 이미 아주 오래전부터 '부자되세요'를 최고의 덕담으로 생각해 온 광동사람들이 이러한 상황을 그냥 넘겨버릴 리가 없다.

'쥐욘(猪膶, 돼지 간)', '아우욘(牛膶, 소 간)', '깜안욘(金銀膶, 소금에 절여 말린 돼지고기 간)'처럼 간은 모두 '꼰(肝)'이 아닌 '욘(膶)'으로 바꾸어 쓴다.

3) 말린 두부(豆腐乾 → 豆腐膶, 豆膶) : '乾'은 '마르다'는 뜻이므로 쓰지 않음

말린 두부(豆腐膶) 볶음

'다우푸(豆腐)'는 두부를 나타내고 '꼰(乾)'은 위에서 말한바와 같이 물기가 없이 말라버린 상태를 뜻한다. '꼰(肝)'과 마찬가지로 이 글자(乾) 역시 좋지 않은 느낌을 주기 때문에 '꼰(乾)'을 '욘(膶)'으로 바꾸어 '豆腐膶(다우푸욘, 푸는 f발음)' 혹은 '豆膶(다우욘)'으로 쓴다. 두 단어 모두 '말린 두부'라는 뜻이다.

4) 돼지 피(猪血 → 猪紅) : '피(血)'는 불길하다고 여겨 쓰지 않음

돼지 피(猪紅)로 끓인 국

'猪血'은 돼지 피라는 뜻인데, 피라는 뜻의 '血'을 그대로 말하는 것이 불길하다고 생각하여 피의 색깔인 빨간색(紅, 홍)을 '血' 대신 바꿔 쓰게 되었다. 그래서 돼지 피를 '쥐홍(猪紅)'이라고 하는데, 이 '쥐홍(猪紅)'은 주로 음식에 사용하는 것으로, '쥐홍쪽(猪紅粥, 돼지피를 넣고 끓인 죽)'이나 '쥐홍통(猪紅湯, 돼지 피를 넣고 끓인 국)'과 같이 음식 이름에 많이 쓰인다.

동물이 아닌 사람의 피를 나타낼 때는 '횟앗(血壓, 혈압)'이나 '아우횟(嘔血, 피를 토함)'처럼 '홍(紅)'으로 바꿔 쓰지 않고 그대로 '횟(血)'을 쓴다.

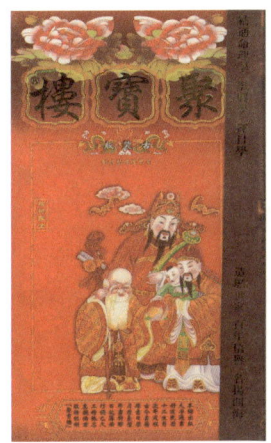
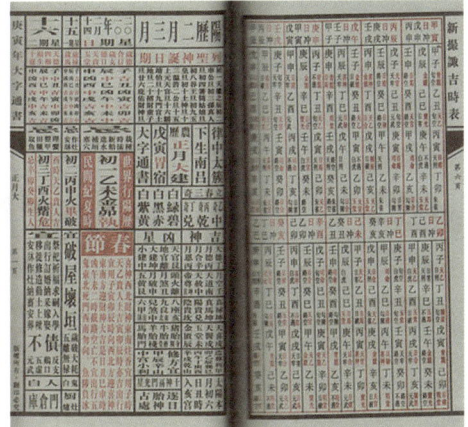

▲ '통쎙(通勝)'은 달력이라는 뜻으로, 월일뿐 아니라 일출과 일몰, 절기, 해와 달의 운행, 일식과 월식까지 모두 적혀 있는 일종의 책력(冊曆)을 말한다.

◀ 통쎙의 표지와 내용

광동지역은 음식문화가 발달한 지역이기 때문에 위의 '레이(脷)'나 '욘(膶)' 등에서도 알 수 있듯이, 식재료의 명칭을 함부로 쓰지 않고 되도록 불길한 기운을 없애려 상당히 신경을 썼던 것으로 보인다.

5) 달력(通書 → 通勝) : '書'는 '지다(輸)'와 발음이 같으므로 쓰지 않음

'通書'가 무슨 뜻일까. 누군가는 글자 그대로 번역하여 서신을 주고받는다고 했는데 이는 편지와는 상관없는 '달력'이라는 뜻이다. 그런데 '通書'에는 우리가 일반적으로 사용하는 달력과는 조금 다르게, 일 년 동안의 월일뿐 아니라 일출과 일몰, 절기, 해와 달의 운행, 일식과 월식까지 모두 적혀 있다. 한 장 한 장 넘기는 낱장의 달력이 아닌 일종의 책력(冊曆)이라고 보면 되겠다.

'쒸(書)'를 한 글자만 따로 떼어놓고 보면 우리가 잘 아는 '책'

이라는 뜻인데 이런 좋은 뜻을 놔두고 왜 굳이 '이기다'는 뜻의 '쎙(勝)'자로 바꿔버린 것일까. 그 이유도 역시 발음에 있다. '쒸(書)'는 광동어에서 '지다, 패하다'는 뜻의 '쒸(輸)'와 발음이 똑같다. 누구한테 진다고 생각하니 당연히 불쾌하고 기분이 나빠질 수밖에. 그래서 이 글자와 반대되는 뜻인 '쎙(勝)'으로 얼른 바꾸어버린 것이다.

일반 서민들은 글로 뜻을 전하기보다는 대부분은 말로 뜻을 전했기 때문에 이렇듯 발음에 많이 신경을 썼을 것으로 생각된다. '通勝'은 광동어로 '통쎙'이라고 읽는다.

6) 빈집(空屋 → 吉屋) : '空'은 '흉하다(凶)'와 발음이 같으므로 쓰지 않음

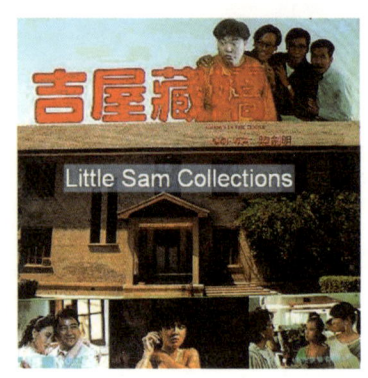

광동어에서 '깟옥(吉屋)'은 '빈집'이라는 뜻이다.

몇 년 전 빈집이라는 영화가 상영되었던 걸로 기억된다. 영화를 본 적은 없지만 제목을 듣는 순간 이 단어가 떠올랐다. 빈집. 비어 있다는 뜻이 너무 허전해서 글자를 바꾼 걸까. 그렇다면 꽉 차 있다는 '滿' 정도로 바꿔야 할 텐데 왜 느닷없이 길하다는 '吉' 자가 나온 거지. 역시 발음에서 그 이유를 찾을 수 있다.

'텅 비다'는 뜻의 '空'은 광동어에서 '홍'이라고 읽는데 '흉하다'는 뜻의 '凶'도 '홍'이라고 읽는다. 표준 중국어에서 두 글자는 '쿵(空)'과 '슝(凶)'으로 전혀 다르게 발음되지만 광동어에서는 똑같이 '홍'으로 발음된다. 그래서 '홍(凶)'과 발음이 같아 불길한 느낌을 주는 '홍(空)' 대신, '길하다'는 뜻의 글자 '깟(吉)'을 사용하여 '吉屋'을 빈집으로 쓰게 되었다. '吉屋'은 '깟옥'으로 읽는다.

빈집 외에 빈차, 빈손, 맨몸을 표현할 때에도 '空車', '空手',

좌) 대나무 숲
우) 대나무 장대 춤

'空身'이 아닌 '깟체(吉車)', '깟싸우(吉手)', '깟싼(吉身)'이라고 한다.

7) 긴 대나무 장대(竹杠 → 竹昇):
   '杠'은 '떨어지다(降)'와 발음이 같으므로 쓰지 않음

'杠'은 굵은 막대기나 장대를 나타내는데 광동어로 읽으면 '꽁'이 된다. 그런데 이 글자는 떨어지다라는 뜻의 꽁(降)과 발음이 같아서, 이와 전혀 반대되는 뜻인 올라가다의 '쎙(昇)'으로 바꿔 쓰게 되었다. '꽁(杠)'이라는 말을 들으면 괜히 떨어질 것 같아서 그랬을까.

광동어에서 '꽁(杠)'과 '꽁(降)'은 발음이 같지만, 표준중국어에서는 '杠'은 '강'으로 '降'은 '쟝'으로 발음이 서로 다르게 난다. 긴 대나무 장대인 '竹昇'은 광동어로 '쪽쎙'이라고 읽는다.

04 영어에서 들어온 외래어

커피, 콜라, 주스, 아이스크림과 같은 단어의 공통점은 무엇일까. '먹을 것' 혹은 '후식'이라고 답할 수도 있겠지만 이 단어들은 모두 외국에서 빌려와 우리말처럼 사용하는 차용어, 즉 외래어이다.

우리말뿐 아니라 광동어와 표준중국어에서도 이러한 외래어를 많이 찾아볼 수 있는데, 특히 광동어는 표준중국어에 비해 외래어의 수가 압도적으로 많다. 더군다나 외래어의 대부분은 영어에서 오게 되었는데, 이는 홍콩이 100년 동안 영국의 통치를 받음으로 인해 생겨난 현상이라고 볼 수 있을 것이다.

광동어는 또한 동일한 뜻을 지니고 있는 외래어를 표준중국어와 비교했을 때 원음에 훨씬 더 가깝게 발음이 되는데, 이는 광동어가 표준중국어보다 훨씬 더 많은 운모(음절에서 첫소리를 제외한 나머지 부분- 광동어는 53개, 표준중국어는 39개)를 지니고 있기 때문이다.

본문에서는 광동어에 나타난 외래어를 표준중국어와 비교하여 세 가지로 분류하였는데 어떠한 것들이 있는지 한번 살펴보기로 하자.

(1) 광동어를 거쳐 표준중국어로 간 외래어

1) 택시(taxi) → 땍시(的士) → 디스(的士)

　　　　대학에 입학해 중국어를 어느 정도 배웠을 무렵, '的士'라는 단어를 접하게 되었다. 한국 발음으로는 '적사'… 과녁과 선비의 결합? 중국어로 해석하면 대략 '~하는 사람'? 이게 도대체 무슨 뜻이지? 그런데 알고 보니 이게 영어의 '택시'라는 거다. 더 이상한 건 이게 음역자란다. 음역? 그러면 음이 거의 같거나 얼추 비슷하기라도 해야 하는 거 아닌가? 그런데 이건 도무지 비슷하지도 않다. 표준중국어로 읽으면 '디스'인데 이게 어디 택시랑 비슷한가? 이 문제의 해답은 대학을 졸업할 때까지도 내내 풀리지 않다가 유학시절 석사 2학년 때 그 해답을 찾게 되었다.

　　　　그 당시 나는 '한어방언학'에 관한 수업을 듣고 있었는데, 교수님이 각자 방언 한 가지씩을 택한 뒤(중국어의 방언은 크게 7가지로 나눈다), 그 방언으로 녹음된 테잎을 듣고 음의 성모(음절의 첫소리)와 운모(첫소리를 제외한 나머지 부분), 성조체계를 분석하는 것은 물론 간단한 문장들을 국제음표(세계 모든 나라 언어의 발음을 적을 수 있는 부호)로 적어오라고 하셨다. 나는 당연히 광동어를 택했다. 그리고 들뜬 마음으로 임무를 수행하고 있던 어느 날… 순간 갑자기 머리를 얻어맞는 듯한 강한 충격을 받았다. 광동어를 공부하면서 지난 4년 동안의 의문이 한방에 해결되어 버렸다. '그렇구나. 표준중국어의 디스는 광동어로는 땍시구나. 그렇다면 디스는 광동어의 땍시에서 온 거였구나.'

　　　　서양의 세력이 중국에 본격적으로 진출한 19세기 초부터 서양문물이 중국에 대거 입성하게 되었는데, 특히 광동성을 중심으로 많은 무역상들이 이 지역에서 외래 문물을 전파하게 되었다. 아울러

좌) 홍콩의 택시. '的士'라고 쓰고 '땍시'라고 읽는다.
위) 홍콩의 택시 정류장

이때부터 많은 새로운 외래어가 생겨나게 되었는데 이렇게 생겨난 외래어들은 광동지역에서 상해로 흘러들어간 뒤 표준중국어에도 영향을 미치게 되었다. 택시 역시 이러한 언어 전파 과정으로 인해서 먼저 광동 지역에 들어간 이후 점차 표준중국어로 유입되었다는 것을 알 수 있다.

그렇다면 택시 이외에 또 어떠한 단어들이 이러한 특징을 가지고 있을까. 우리가 너무나도 잘 알고 있는 한 영어사전의 이름을 살펴보기로 하자.

2) 롱맨(Longman) → 롱만(朗文) → 랑윈(朗文)

학창시절이건 성인이 된 이후이건 영어 공부를 열심히 해보겠노라 다짐을 하면서, 봤던 안 봤던 어쨌든 누구나 한 번쯤은 다 샀었을 법한 '롱맨' 영어사전. 한국에서 책꽂이 전시용으로도 모자라 대만에서도 샀던 바로 그 사전.

이 롱맨은 광동어에 유입된 후 롱맨과 유사한 롱만으로 발음하게 되었고, 표준중국어에 유입된 후에는 롱만의 한자 '朗文'을 표준중국어 발음으로 읽게 되어 '랑원'이 되었다. 대만에서 이 사전을 구입할 당시에 랑원과 롱맨은 비슷하지도 않은 전혀 다른 음인데 왜 이렇게 번역했을까 궁금했었는데 광동어를 공부하면서 알게 되었다. '朗文'을 광동어로 읽으면 '롱만'이 된다는 것을.

'중국어강독' 같은 번역 시간에 학생들에게 해석을 하라고 하면 이런 단어들이 고유명사인 줄 모르고 글자 그대로 해석을 하는 경우가 많다. 이 '朗文'을 처음 보는 우리 학생들은 분명히 이렇게 해석을 했을 거다. '밝은 문장' 혹은 '낭랑한 문장'. 어떻게 생각해보면 '롱맨'을 '朗文'으로 음역한 건 누가 했는지 정말 잘한 것 같다. 외국어를 어렵거나 암흑세계에 갇힌 것처럼 힘들게 생각하지 말고 밝고 쉽게, 그리고 머릿속으로만 읽지 말고 항상 낭랑한 목소리로 계속 입으로 말하면서 공부하라는 그런 뜻일 수 있으니까. 하하, 이런 걸 보고 꿈보다 해몽이 좋다고 하는 건가.

롱맨(朗文) 사전

3) 하얏트(Hyatt) → 호이윗(凱悅) → 카이웨(凱悅)

우리가 잘 알고 있는 유명한 호텔 중의 하나인 하얏트. 영어의 하얏트는 광동어에 유입된 후 '호이윗'으로 발음하게 되었는데, 후에 표준중국어로 흘러들어가 '카이웨'가 되었다. 광동어 '호이윗'을 한자로 '凱悅'라고 쓰는데 이 한자의 표준중국어 발음이 '카이웨'이기 때문이다.

광동어는 '하얏트'의 'ㅎ' 발음을 그대로 간직하고 있고 '얏'도 '윗'으로 발음되면서 'ㅅ' 받침이 그대로 나고 있다. 그렇지만 표준중국어의 '카이웨'는 '하얏트'의 'ㅎ' 발음도 전혀 나지 않고 '얏'에서의 'ㅅ'

받침 소리도 나지 않는다. 광동어에서는 'ㄱ' 'ㅅ' 'ㅂ' 받침소리(입성, 入聲)가 그대로 간직되어 발음되는 반면, 표준중국어에서는 이러한 입성이 사라졌기 때문이다.

홍콩에서는 호텔을 자우딤(酒店)이라고 하고 중국대륙에서는 판뎬(飯店. 판의 'ㅍ'은 'f'발음)이라고 한다. 그래서 '하얏트호텔'을 홍콩에서는 '호이웟 자우딤'이라고 하고 중국대륙에서는 '카이웨 판뎬'이라고 한다. 그런데 여기서 주의할 점 한 가지! 한국어로 읽으면 '酒店'은 '주점'이 되고 '飯店'은 '반점'이 된다. 글자 그대로 해석하면 하나는 술집이 되고 하나는 중국집(음식점)이 된다. 그렇지만 홍콩이나 중국에 가서는 우리식대로 해석해서 술집이나 중국집으로 오해하지 않도록 하자.

홍콩의 '하얏트호텔(凱悅酒店)'. 홍콩에서는 호텔을 '飯店'이라고 하지 않고 '酒店'이라고 한다.

4) 왓슨스(Watsons) → 왓싼씨(屈臣氏) → 취천스(屈臣氏)

'하얏트'처럼 광동어와 표준중국어의 발음이 전혀 다른 것이 또 하나 있는데, 바로 홍콩의 대표적인 드러그 스토어(drug store) '왓슨스'이다. 드러그 스토어는 한국의 약국과는 그 개념이 조금 다른데, 의약품뿐 아니라 화장품이나 일용잡화, 심지어는 식품까지 상당히 여러 가지 제품을 판매한다. 의약품만을 취급하는 전문 약국이 따로 있긴 하지만 이렇게 드러그 스토어에서도 약을 판매한다. 한국에는 왓슨스가 들어온 지 5~6년 정도밖에 되지 않았고 매장도 그다지 많지 않지만, 대만 같은 경우는 정말 두 집 걸러 한집이 바로 이 '왓슨스'이다.

95년 처음 대만에 갔을 때에도 왓슨스가 정말 많았었는데 그 후로도 계속 계속 늘어났던 것 같다. 2000년에 대만에 놀러 온 선배 한 분이 "도대체 왓슨스가 뭘 하는 덴데 가는 데마다 저렇게 많이 있는 거냐?"고 물어보셨을 정도니까. 홍콩과 대만의 왓슨스는 화장품뿐 아니라 여러 가지 재미있고 실속있는 생활용품들도 가득한데, 한국은 너무 화장품 위주로만 되어 있는 것 같아 조금은 아쉽다. 그런데도 귀국하고 몇 년이 지난 어느 날 우연히 명동을 걸어가다가 이 왓슨스를 발견했을 때는 얼마나 반가웠던지…

홍콩의 대표적인 드러그 스토어 왓슨스(屈臣氏). 한국에도 30여 개의 매장이 있다.

홍콩과 대만의 왓슨스는 간판마다 'Watsons'와 함께 '屈臣氏'가 쓰여있다. 처음 대만에서 이 '굴신씨'를 봤을 때는 무슨 사람 이름인 줄 알았다. 굴원(屈原)의 '굴' 자에 우리 말의 경칭을 나타내는 '~씨'가 있으니까. '굴신'이라는 사람인가? 그런데 그 옆의 'Watsons'는 왜 가는 데마다 쓰여있는 거지? 도대체 무슨 관련이 있을까? 게다가 상점을 들어설 때마다 계속 '취천스, 취천스'라고만 하니까 도무지 알 길이 없었다. 그런데 역시 광동어에 해답이 있었다. 그 '취천스'가 바로 광동어의 '왓싼씨'였다.

왓슨스는 홍콩에서 시작된 기업이기 때문에 영어 'Watsons'에 맞는 광동어 음역 글자를 찾아서 이름 붙였을 것이다. 광동어에서는 '屈'이 '왓'으로 발음되기 때문에 이 글자를 택했을 것이고 '臣'도 역시 이와 마찬가지였을 것이다. 그러다 보니 표준중국어의 발음은 이와 전혀 맞지 않게 되어버린 것이다.

이 사실을 알고 나서는 "Watsons가 왜 취천스야?"라고 궁금해하는 사람들에게 자신있게 말해준다. '취천스'의 광동어 발음이 바로 '왓싼씨'라고.

5) 스위스(Swiss) → 쏘위씨(瑞士) → 루이스(瑞士)

중국어를 공부하면서 풀리지 않았던 의문이 여기 또 있다. 알프스의 소녀 하이디 하면 생각나는 나라 바로 스위스인데 왜 '스'를 굳이 '루'로 바꿔서 루이스로 음역을 했느냐는 것이다. '瑞'의 한자음도 초성이 'ㅅ'으로 발음되는 '서'인데 왜 표준중국어에서는 권설음(혀끝을 목 뒤로 들어 올리는 소리)인 '루이'일까. 거참 희한하네~~. 이 역시 광동어를 알면 답이 보인다.

상) 스위스를 배경으로 한 애니메이션 '알프스의 소녀 하이디'
하) 스위스 국기

광동어에서 '瑞'는 '쏘위'라고 발음한다. 그런데 이 '쏘위(瑞)'를 표준중국어에서는 '루이'로 발음한다. 스위스를 광동어에서는 '쏘위씨'로 음역을 하게 되었고 이에 해당하는 글자가 '瑞士'가 되면서 표준중국어에서는 '루이스'로 발음을 하게 된 것이다. 표준중국어에서 왜 스위스를 발음이 전혀 다른 루이스라고 하는지 이해가 가는 대목이다.

같은 실마리로 풀어낼 수 있는 나라이름이 또 있다. 바로 '스웨덴'이다.

6) 스웨덴(Sweden) → 쏘위딘(瑞典) → 루이덴(瑞典)

4인조 팝 그룹 '아바'를 탄생시킨 나라 스웨덴. 스위스가 표준중국어로 왜 루이스인지 알게 되면 자동적으로 문제가 해결되는 나라. 스웨덴은 광동어로 '쏘위딘(瑞典)'이라고 하고 표준중국어로는 '루이뎬(瑞典)'이라고 한다.

　　　광동어에서 '스웨'의 발음은 '스위스'처럼 '瑞(쏘위)'로 음역하고, '덴'은 '典(딘)'으로 음역하여 스웨덴을 '쏘위딘'이라고 하게 되었다.

　　　'쏘위딘'에 해당하는 한자 '瑞典'을 표준중국어로 읽으면 '루이뎬'이 된다.

상) 스웨덴 출신의 세계적인 팝 그룹 아바
하) 스웨덴 국기

7) 덴마크(Denmark) → 딴막(丹麥) → 단마이(丹麥)

　　　낙농국가 하면 제일 먼저 떠오르는 나라 덴마크. 그리고 동화작가 안데르센까지(위의 '호란다우(荷蘭豆, 꼬투리째 먹는 완두콩)'에서 말한, 동화 '완두콩 오형제'의 작가). 덴마크의 수도 코펜하겐에 인어공주의 동상이 있는데 이는 안데르센의 작품 인어공주에서 영감을 얻어 만들어진 것이다(원작은 공주가 물거품이 되어 사라지는 비극으로 끝을 맺지만 월트디즈니의 만화영화에서는 사람으로 변해 왕자님과 행복하게 살게 된다).

　　　덴마크는 광동어에서 이와 비슷한 '딴막'으로 발음하게 되었고, 표준중국어로 유입된 후에는 '딴막'의 한자인 '丹麥'을 표준중국어로 발음하게 되어 '단마이'가 되었다.

　　　표준중국어의 '단마이'는 덴마크라는 발음을 제대로 살려주지 못하고 있지만 광동어의 '딴막'은 두 번째 음절에서 'ㄱ' 받침 소리가 나기 때문에 표준중국어보다는 훨씬 더 덴마크에 가깝게 들린다.

덴마크 동화작가 안데르센의 인어공주에서 영감을 얻어 만들어진 인어공주 동상. 덴마크의 수도 코펜하겐에 이 인어공주의 동상이 있다.

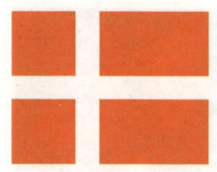
덴마크 국기

'하얏트'에서 설명했듯이 광동어에는 입성이 그대로 남아 있기 때문에, 외래어를 발음할 때 표준중국어보다 훨씬 더 원음에 가깝게 발음할 수 있다.

8) 캐나다(Canada) → 까나다이(加拿大) → 자나다(加拿大)

캐나다 국기

국기 한가운데 빠알간 단풍잎이 인상적인 나라 캐나다. 1988년에 캐나다의 칼가리에서 동계 올림픽이 열렸던 기억이 난다. 그때는 그 발음이 얼마나 웃기던지. '칼갈이'를 발음나는대로 쓰면 칼가리니까 (그런데 요즘은 칼가리라고 하지 않고 캘거리라고 하더군. 언제 바뀐 거야?). 그 당시 독일 출신의 피겨 스케이팅 선수 카타리나 비트가 이 동계 올림픽에서 금메달을 수상했었다. 요정처럼 예뻤던 그녀가 갈라쇼에서 마이클잭슨의 배드(Bad)에 맞춰 멋진 연기를 선보이자 많은 관중들이 환호하며 열광했었다.

캐나다는 광동어로 '까나다이'라고 한다. 그런데 표준중국어는 '까'나 '캐' 발음을 살리지 못하고 이와 전혀 다른 '자'로 발음한다. '까'나 '캐'에 해당되는 발음이 없기 때문이다.

한국어에서 '가'로 발음되는 동시에 광동어에서 '까'로 발음되는 글자들, 예를 들면 '加, 假, 價, 嘉, 嫁'와 같은 글자들은 표준중국어에서는 대부분 '자'로 발음된다.

(2) 표준중국어보다 더 원음에 가까운 광동어

1) 기타(guitar) → 깃타(結他) – 지타(吉他)

어느 날 길을 가다가 B5 크기만한 하얀 종이에 무슨 광고 문

좌) 여러 종류의 기타들
중) 전설적인 기타리스트 안드레아 세고비아
우) 기타의 신 에릭 클랩튼

구 비슷한 게 벽에 붙어 있는 것을 보았다. 글자는 전부 까만색이었는데 맨 위에는 다른 글자들보다 훨씬 크게 이렇게 쓰여 있었다. '이준기 타레슨'. 그리고는 수강생모집이라는 말 외에는 별다른 내용 없이 맨 아래에는 전화번호만 적혀 있었다. 이준기 타레슨? 이준기는 알겠는데 타레슨은 대체 뭐지? 요즘 새로 나온 몸짱 만드는 운동 이름인가?(필라테스와 느낌이 상당히 비슷하다) 그거 보고 정말 한참을 고민했었다. 타레슨이 도대체 뭘까?

그러다 몇 달 후 궁금증이 싸악 풀려버렸다. 우연히 본 그 자리에 똑같은 문구가 붙어 있었는데 이번에는 조금 더 신경을 썼는지 연노랑 같은 색깔도 들어 있었고 종이 질도 더 좋아졌다. 그리고는 정말 명확하게 이렇게 써놓았다. '이준 기타 레슨'… 아 이런! '이준기'가 아니라 '이준'이었구나. 하긴 요새는 두 글자 이름은 물론이려니와 세 글자, 네 글자 이름도 많이 있는 세상이라 외자 이름이 있다는 것을 잊어버리고 있었다. 그렇다면 진작 띄어쓰기 좀 할 것이지(역시 한글은 띄어쓰기가 중요하다). 그러면서 이런 생각을 했다. 나 같이 '타레슨'이 뭔지 궁금해서 물어보는 사람들이 있었나? 저렇게 띄어쓰기해서 붙여놓은 걸 보면.

예전에는 기타 하면 세고비아와 에릭 클랩튼만 떠올랐는데 이제는 '이준기 타레슨'까지 떠오를 것 같다.

기타를 광동어에서는 '깃타(結他)'라고 하고 표준중국어에서는 '지타(吉他)'라고 한다. 표준중국어를 배우면서 처음 이 단어를 봤을 때는 기타보다는 오히려 치타(타잔 친구)랑 비슷하다는 생각을 했었다. '기' 발음이 안 나고 '지'발음이 나니까. 표준중국어에서는 '기'라는 발음을 대체해줄 글자가 없어서 이렇게 '지' 발음이 나는 글자를 대신해서 쓰고 있다.

광동어에서 '깃타(結他)'는 원음인 기타에 가깝게 들리지만(글자를 보지 않고 소리만 들으면 기타와 똑같이 들린다) 이 글자를 표준중국어로 읽게 되면 '제타(結他)'가 되어 완전히 다른 음이 되어버린다. 그래서 표준중국어에서는 제(結)보다는 기에 더 가까운 '지(吉)'를 사용하여 기타라는 단어를 만들게 되었다.

2) 소파(sofa) → 쏘파(梳化) - 사파(沙發)

어릴 적에 소파는 의자가 아니라 침대이자 놀이터였다. 앉아 있다 나도 모르게 눈이 감겨 그냥 거기서 잠이 들기도 하고, 어미 등에 찰싹 달라붙어 있는 새끼 코알라처럼 등받이 위에 바짝 엎드려 앞으로 갔다 뒤로 갔다 하기도 했다. 또 오빠랑 소파 양 끝 벽 쪽에 각각 숨어서 팔걸이에 장난감 총을 올려놓고 총싸움 놀이를 하기도 하고, 둘이 소파에 앉아서 상대방의 손 안에 유리구슬이 몇 개가 들어있나 알아맞히는 놀이를 하기도 했다. 그리고 엄마는 그 소파에 앉아 몇 달 동안이나 레이스 뜨개를 해서 등받이 덮개를 만들어 덮어 놓으

시기도 했다.

광동어에서 소파는 영어발음과 거의 일치하는 '쏘파(梳化)'라고 하지만, 표준중국어에서는 '사파(沙發)'라고 한다. '파'음은 광동어(化)와 표준중국어(發) 모두 'f'음인 'fa'로 발음한다('化'는 한국어로 '화', 표준중국어도 이와 비슷한 '화', 즉 'ㅎ'음으로 읽는데 광동어에서는 'f'음의 'ㅍ'으로 읽는다).

딱딱한 가죽 소파보다는 어릴적 오빠와 같이 놀던 천으로 만든 패브릭 소파가 더 정감있게 느껴진다.

표준중국어는 '쏘파'가 아닌 '사파'라고 발음하는데, 표준중국어에 '소우'라는 발음이 있기는 하지만('소'는 없다) '사'라는 발음으로 음역을 했다. 모음이 두 개가 결합된 '소우'보다는 모음을 하나만 쓰는 '사' 발음이 더 간단하다고 생각했을지도 모를 일이다.

위에서 말했듯이 광동어의 '파(化)'와 표준중국어의 '파(發)'는 'p'가 아닌 'f'음의 'fa'로 발음한다. 광동어나 표준중국어는 'f'음이 존재하지만 한국어에는 'f'에 해당하는 음이 없기 때문에 발음할 때 신경 쓰지 않으면 'f'음을 종종 'p'음으로 발음하게 된다('f'음과 'p'음은 한글에서 서로 구분되는 자모가 없기 때문에 모두 'ㅍ'으로 쓴다).

다 자라 어른이 된 지금은 어렸을 때처럼 소파를 놀이터로 활용할 수 없어서 많이 안타까울 뿐이다. 지금도 소파를 보면 왠지 딱딱한 느낌의 가죽소파보다는 어릴 적 오빠와 같이 놀던 천으로 만든 패브릭소파가 더 정감있게 느껴진다.

3) 선디(sundae) → 싼데이(新地) – 성다이(聖代)

대학에 입학하고 나서 처음으로 카페에 가보게 되었다. 고3 때 좀 놀던 애들은 그때 벌써 카페에 다니기 시작했지만 나는 안타깝

상) 초코선디. 선디는 과일이나 과즙, 호두, 초컬릿 등을 얹은 아이스크림으로 파르페와 아주 비슷한 느낌이 난다.

하) 망고선디

게도 그러질 못했다. 희한하게도 좀 논다는 애들은 하나같이 키도 크고 성숙한 느낌이 들어서 대학생이라고 해도 전혀 수상해 보이지 않았다. 그 당시는 교복자율화 시절이라 우리는 사복을 입고 다녔는데 그것이 그녀들의 카페 출입을 더욱 쉽게 해주지 않았나 하는 생각도 든다. 하긴 교복을 입었어도 갈아입기만 하면 되는 거였지만.

카페의 메뉴판에는 각종 차와 음료의 종류가 쭉 적혀 있었는데 그때 처음 보는 메뉴가 눈에 띄었다. '파르페'… 이게 도대체 뭐지? 궁금한 마음에 시켜 보았는데 정말 환상적인 아이스크림이 눈앞에 당도했다. 아주 기다랗고 입구가 넓은 역삼각형의 유리잔에 아이스크림이 잔뜩 채워져 있었는데, 그 위에는 각종 통조림 과일과 초코 시럽이 듬뿍 뿌려져 있었고 마지막으로 맨 위에는 체리가 살짝 얹혀 있었다. 우와~~ 정말 맛있겠다. 파르페가 다른 음료에 비해 조금 더 비싸긴 했지만 한동안은 이 매력에 빠져 계속 이것만 먹었다. 그리고 같이 간 동기들도 항상 알아서 파르페를 시켜줬다(나를 생각해서 그랬을 수도 있겠지만 어차피 각자 자기 돈 내고 먹는 거였으니까). 카페마다 얹어주는 과일이며 옆에 끼워주는 장식품들이 조금씩 다르긴 했지만(콘프레이크를 얹어주는 집이나 웨하스 혹은 빼빼로를 끼워주는 집도 있었고, 손가락 길이만한 접었다 폈다 하는 종이우산을 꽂아주는 집도 있었다) 기본 형태는 대동소이했다.

그리고 한동안 이 파르페를 잊고 살다가 상당히 비슷한 아이스크림을 발견하게 되었다. 바로 '선디'라는 것인데 선디는 과일이나 과즙, 호두, 초컬릿 등을 얹은 아이스크림으로 파르페와 아주 비슷한 느낌이 난다.

선디는 영어에서 썬디[sʌ́ndi] 혹은 썬데이[sʌ́ndei]로 발음한다. 광동어에서는 '선디'를 '싼데이(新地)'라고 발음하는데 영어의 또 다른 발음 '썬데이'와 매우 유사하게 들린다. '썬'에서의 'ㄴ' 받침을 그대로 발음하고 있고 '데이'도 영어 그대로인 '데이'로 발음하고 있기 때문이다.

표준중국어에서는 선디를 '성다이(聖代)'라고 한다. 'ㄴ' 받침의 '썬'을 'ㅇ' 받침의 '성'으로 발음하고, 두 번째 글자도 '디'나 '데이'가 아닌 '다이'로 발음한다. 표준중국어에 '선'으로 발음되는 글자가 여러 개 있기는 하지만 '선'이 아닌 '성'으로 발음하고, '데이'에 해당하는 발음 역시 '데이'가 아닌 '다이'로 발음한다. 이렇게 발음을 하는 이유는 아마도 뜻까지 고려했기 때문일 것인데, 이렇게 하다 보니 여기에 해당하는 적당한 글자가 없어서 원래의 발음과 조금 동떨어진 글자를 쓰게 되지 않았나 싶다.

요즘은 커피전문점이 많이 들어섰기 때문에 카페가 예전만큼 쉽게 눈에 띄지 않는데다가 카페가 있더라도 아직까지 파르페를 파는지도 잘 모르겠다. 그렇지만 언젠가 기회가 된다면 대학시절의 그 파르페를 꼭 다시 한 번 먹어보고 싶다.

4) 할리우드(Hollywood) → 호레이웃(荷李活) - 하오라이우(好萊塢)

할리우드라고 하면 주말의 명화가 제일 먼저 생각난다. 어렸을 적에는 토요일 밤마다 방송을 해주었는데 너무 늦은 시간이어서 그랬는지 항상 앞부분 조금 보고 나면 그 다음날 아침이 되어 있었다.

할리우드는 미국 캘리포니아 주 로스앤젤레스 시의 한 지역으

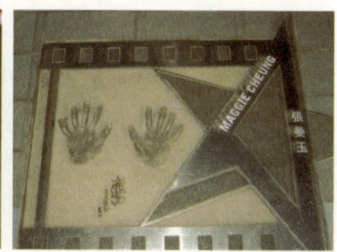

좌) 미국 영화산업의 중심지 할리우드
중) 홍콩 '스타의 거리'에 전시된 성룡의 손도장
우) 영화 '첨밀밀'의 주인공 장만옥 손도장

로 20세기 초에는 작은 농촌에 불과했지만, 이 지역의 좋은 날씨와 햇빛이 영화 관계자들로 하여금 매력을 느끼게 하여 영화산업을 이곳으로 옮겨오게끔 하였다. 그리하여 지금은 수많은 영화를 제작하는 영화산업의 중심지가 되었으며, 아울러 미국영화를 대표하는 대명사로 자리 잡게 되었다.

할리우드의 스타의 거리(Walk of Fame)에는 유명 배우들의 손도장과 발도장이 전시되어 있는데 이를 보기 위해서 전 세계의 많은 관광객들이 모여들기도 한다.

할리우드뿐 아니라 홍콩에도 스타의 거리가 있는데 'Avenue of Stars(星光大道, 쎙꿩다이도우)'라고 부른다. 침사추이 산책로(제2장의 '영어사전에 수록된 광동어' 부분의 '홍콩'을 참조할 것)에 이 스타의 거리가 있는데 바닥에 유명한 홍콩의 배우와 감독의 손도장이 길게 전시되어 있다. 이미 오래전에 할리우드로 진출한 성룡부터, 황비홍의 이연걸, 천장지구의 유덕화, 중경삼림의 양조위, 첨밀밀의 장만옥, 그리고 서극과 오우삼 감독까지.

그리고 거리의 중간쯤에 기념품을 파는 상점도 있는데 'L愛VE U ALL'이라고 쓰여진 성룡의 사인도 보인다. 밑에는 자신의 이름을 중국어, 영어, 일본어에 한국어까지 4개 국어로 적어놓았다. 그리고 마지막에는 ♡를 그려 넣는 것도 잊지 않았다.

홍콩에는 또한 할리우드 거리라고 불리는 'Hollywood Road(광동어로는 호레이웃도우, 荷李活道)'가 있다. 왠지 우리나라의 충무로와 비슷할 것 같은 느낌이 들지만, 이 거리는 영화와는 아무런 상관이 없는, 오히려 인사동의 느낌이 나는 골

좌) 홍콩의 '할리우드 로드'. 영화와는 전혀 상관없는 골동품을 파는 거리이다.

우) 'L愛VE U ALL' 밑에 중국어, 영어, 일본어, 한국어로 쓰여 있는 성룡의 사인

동품 거리이다. 이 '할리우드 로드'는 미국의 할리우드가 생겨나기 이전부터 있었던 것으로, 일찍이 이 일대에 호랑가시나무(영어 이름 holly)를 심었기 때문에 호랑가시나무(hollywood)의 거리(road)라는 뜻으로 'Hollywood Road'로 불리게 되었다.

광동어에서는 할리우드를 '호레이웃(荷李活)'이라고 하는데 '할리우드'에서의 '우드'를 '웃' 한음절로 표현했다. 할리우드를 '할리웃'이나 '헐리웃'이라고도 하는 것을 보면 '호레이웃'은 '할리우드'의 발음과 상당히 일치한다고 할 수 있겠다.

이와는 달리 표준중국어에서는 할리우드를 '하오라이우(好萊塢)'라고 한다. 표준중국어는 '우드'에서의 '드'발음을 생략해버렸는데 이에 대응하는 적절한 발음이 없기 때문에 아예 쓰지 않은 것으로 보인다.

좌) 짐 캐리가 주연한 영화 '덤 앤 더머'의 한 장면
우) 여자친구와 똑같은 수영복을 입은 짐 캐리

5) 짐 캐리(Jim Carrey) → 찜께이레이(占基利) - 지무카이리(吉姆凱利)

안면근육이 자유자재로 움직여 표정 자체가 특수효과라는 극찬을 받는 배우. 때로는 장난기 가득하게, 때로는 능청스럽게, 때로는 천진난만하게 어떠한 표정도 자연스럽게 연기하는 배우 짐 캐리.

언젠가 인터넷에서 나란히 붙어 있는 두 장의 사진을 보게 되었다. 한 장은 그의 여자친구가 까만 수영복을 입고 있는 사진이었고 다른 한 장은 그가 까만 수영복을 입고 있는 사진이었다. 그런데 세상에… 그의 수영복과 그의 여자친구의 수영복이 똑같은 것이 아닌가. 아마도 그녀가 입었던 걸 잠시 빌려 입은 모양이었다. 그나마 비키니가 아니라서 다행이었다. 아니, 비키니를 입고 우리를 즐겁게 해 주는 편이 더 나았을까.

이렇듯 장난기 충만한 이 할리우드 스타를 중국어로는 뭐라고 할까. 광동어로는 '찜께이레이'라고 하고 표준중국어로는 '지무카이리'라고 한다. 표준중국어는 'ㅁ' 받침을 발음할 수 없지만 광동어에서는 'ㅁ' 받침을 그대로 발음할 수 있기 때문에, '짐'을 그냥 간단하게 '占

(찜)' 한 음절로 발음한다. '짐'과는 달리 '캐리'는 똑같이 발음되는 글자가 없으므로 '께이레이(基利)'라고 한다. 그래서 짐 캐리는 광동어로 '찜께이레이(占基利)'라고 한다.

표준중국어는 광동어와는 달리 'ㄱ, ㅅ, ㅂ' 받침뿐 아니라 'ㅁ' 받침도 없기 때문에 '짐(Jim)'을 그대로 발음하지 못한다. 그렇기 때문에 짐을 한 글자로 발음하지 못하고 두 글자로 발음하게 되는데 그래서 쓰게 된 것이 '지무(吉姆)'이다. 'ㅁ'을 첫째 음절의 받침 대신 둘째 음절의 성모로 쓰게 된 것이다. 그리고 '캐'에 해당하는 발음도 없기 때문에 '캐' 대신 '카이(凱)'를 쓰게 되었는데, 이로 인해 짐 캐리가 표준중국어에서는 '지무카이리'가 되었다.

6) 마이클 잭슨(Michael Jackson) → 마이꼬우쩩쏜(米高積遜) - 마이커얼제커쉰(邁克爾杰克遜)

얼마 전 우리 곁을 떠난 마이클 잭슨. 처음 팝송을 접했던 초등학교 6학년 때 마이클 잭슨을 알게 되었다. 그 무렵 마이클 잭슨의 '스릴러(Thriller)'라는 앨범이 대 히트를 치고 있었는데(앨범 발매는 82년이었지만 그때까지도 그의 인기는 식을 줄을 몰랐다), 우리가 잘 알고 있는 '빌리진(Billie Jean)'과 '빗 잇(Beat It)'이 모두 이 스릴러에 수록된 곡이다.

그 당시 TV에서 빗잇의 뮤직비디오와 빌리진의 공연 실황을 보게 되었는데 가히 충격적이었다. 세상에 저런 춤도 있구나. 특히 빌리진은 마이클 잭슨 공연의 백미로 기억되는데 그의 현란한 스텝과 몸동작, 무대 좌우를 횡단하며 보여주는 화려한 무대매너, 모든 관객을 쓰러뜨렸던 문워크(뒤로 걷는 스텝)까지. 그야말로 충격 그 자체였다. 지금

상) 팝의 황제 마이클잭슨의 1982년 앨범 '스릴러(Thriller)'. 빌리진과 빗잇이 수록된 이 앨범은 전 세계에서 1억 장이 넘게 팔렸다고 한다.

하) 수십 개의 다이아몬드가 박힌 장갑을 한 손에만 끼고 문워크를 하는 마이클잭슨

생각해봐도 30년 전에 벌써 그런 공연을 할 수 있다는 것이 놀라울 따름이다.

맹인 가수 스티비 원더가 만약 앞을 볼 수 있게 된다면 가장 보고 싶은 것이 딸아이의 얼굴이고, 그 다음이 마이클 잭슨의 문워크라고 했을 만큼 폭발적인 인기였던 스텝. 나와 오빠는 그날부터 바로 문워크 연습에 들어갔다. 밀리지도 않는 스텝을 열심히 뒤로 밀어내며 집안의 모든 방바닥과 거실바닥을 발바닥으로 문지르며 다녔다. 당시 마이클 잭슨은 하얀 장갑을 매번 한쪽 손에만 끼고 나왔는데, 거기 박혀 있는 수십 개의 반짝거리는 보석이 큐빅이 아닌 진짜 다이아몬드라는 말도 있었다.

마이클 잭슨(Michael Jackson). 광동어에서는 '마이꼬우쩩쏜'이라 발음하고 '米高積遜'이라고 쓰지만, 표준중국어에서는 '마이커얼제커쉰'이라 발음하고 '邁克爾杰克遜'이라고 쓴다. 광동어는 네 글자로 표기하지만, 표준중국어는 여섯 글자로 표기한다. 이렇듯 표준중국어는 광동어에 비해 음절이 더 많은데 왜 그럴까. 우선 표준중국어는 'ㄹ' 받침이나 'ㄱ' 받침으로 나는 발음이 없다. 그래서 한 글자로 표기하지 못하고 '커얼(克爾)'이나 '제커(杰克)'처럼 두 글자로 표기하게 된다.

이와는 반대로 광동어는 'ㄹ' 받침을 제외한 'ㄱ, ㅅ, ㅂ' 받침 소리를 그대로 낼 수 있기 때문에 좀 더 간편하게 원음을 표기할 수 있다. 비록 '클'에서의 'ㄹ' 받침은 생략이 되었지만 '잭'은 원음과 거의 일치하는 '쩩'으로 발음된다. '마이커얼제커쉰'이라는 길고 복잡한 발음보다는 '마이꼬우쩩쏜'이 훨씬 더 간결하고 원음 마이클 잭슨에 더

가깝게 들린다.

그는 비록 떠났지만 그가 팝 음악사에 미친 영향은 앞으로도 오랫동안 지속될 것이라 생각된다. 아울러 그를 아끼는 팬들의 마음 속에서, 그는 언제나 그들의 영원한 팝의 황제로 자리 잡고 있을 것이다.

7) 엘튼 존(Elton John) → 아이똔쭝(艾頓莊) - 아이얼둔웨한(埃爾頓約翰)

중학교에 입학한 후에는 방학만 되면 하루 종일 라디오를 끼고 살았다. 아침 10시부터 새벽 2시까지, 각 방송사마다 시간별로 프로그램의 이름과 진행자, 음악의 장르까지 쫙 꿰고 있었다. 이 시간 이 방송에서는 가요만 틀어준다든지 팝송만 틀어준다든지 혹은 모든 장르를 가리지 않고 다 틀어준다든지… 그때는 목소리가 좋은 사람은 무조건 다 젊고 잘 생겼을 거라는 편견을 가지고 있었는데, 우연히 본 잡지에서 내가 좋아하는 프로그램의 진행자 얼굴을 발견하고서 엄청 실망을 하기도 했다.

그 당시에는 템포 빠른 댄스음악들도 좋아했지만 감수성이 예민한 나이였을 때라 그런지 부드럽고 감미로운 음악들을 더 좋아했다. 브레드(Bread)의 '이프(If)'나 돈 맥클린(Don McLean)의 '빈센트(Vincent)', 이엘오(E.L.O, Electric Light Orchestra)의 '미드나잇 블루(Midnight Blue)' 같은 노래들을 좋아했다.

그리고 엘튼 존도 좋아했는데 그의 수많은 노래 중에서 '다니엘(Daniel)'과 '굿바이 옐로우 브릭 로드(Goodbye Yellow Brick road)'를 특

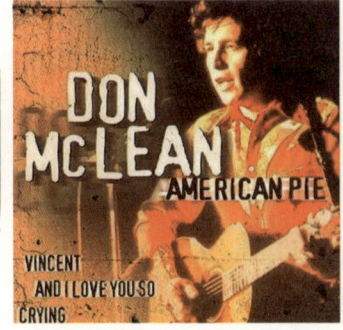

라디오를 끼고 살던 학창시절에는 브레드의 이프나 돈 맥클린의 빈센트, 이엘오의 미드나잇 블루 같은 노래들을 즐겨 들었다.

히 좋아했다.

영국 태생으로 1998년 엘리자베스 여왕으로부터 기사작위를 받은 엘튼 존은, 무려 25년간이나 한 해도 빠짐없이 연속적으로 팝 차트 상위 40위권 진입이라는 전무후무한 기록을 세우기도 했다.

엘튼 존은 광동어에서는 '아이똔쫑'이라고 하고 표준중국어에서는 '아이얼둔웨한'이라고 한다. 위의 마이클 잭슨에서도 말했듯이 표준중국어에는 'ㄹ' 받침이 없다. 그래서 두 개의 글자로 하나의 음을 나타내는데, '엘'도 마찬가지여서 '아이얼(埃爾)'이라는 두 개의 글자로 하나의 음을 나타낸다. 그리고 더욱 특이한 것은 '웨한(約翰)'이라는 발음인데 이게 '존'과 무슨 상관이 있을까.

이 '웨한'은 '요한'을 음역한 것으로 요한은 원래 히브리어였다. 이 히브리어가 독일어권으로 들어가게 되었고(요한, Johann), 이 독일어는 다시 영어권으로 들어가 '존(John)'이 되었다. 그런데 표준중국어에서는 '존'을 음역하지 않고 원래의 발음인 요한을 음역하여 '웨한'이라고 한다.

그렇다면 양주의 일종인 '조니워커(Johnnie Walker)'는 어떻게 발음할까. 조니 역시 존과 같은 웨한으로 읽는다. 그렇다면 워커는? 워커는 음으로 번역하지 않고 뜻으로 번역했다. 워커는 걷는 사람 즉 걷는 것과 관계가 있으므로 이에 해당하는 표준중국어 '조우루(走路, 걷다)'를 사용하여 번역을 했다. 그래서 '조니워커(Johnnie Walker)'를 표준중국어에서는 '웨한조우루(約翰走路, 조니가 걸어간다)'라고 한다.

그럼 이제 광동어를 한번 살펴보자. 광동어에서 엘튼 존은 세 글자 '아이똔쫑(艾頓莊)'으로 표기한다. 광동어도 표준중국어와 마찬가지로 'ㄹ' 받침이 나는 발음은 없지만, 표준중국어처럼 두 글자로 표기하지 않고 그냥 간단하게 한 글자 '아이(艾)'로 표기한다. 그래서 엘튼을 '아이똔'이라고 발음하지만 오히려 표준중국어의 '아이얼둔'보다 훨씬 더 원음에 가깝게 들린다. 그리고 문제의 'John' 발음. 광동어에서는 아주 간편하게 '쫑(莊)' 한 글자로 모든 머리 아픈 문제들을 해결해버렸다. 엘튼 존과 '아이똔쫑'. 아이똔쫑을 조금 빨리 발음해 보시길.

상) 25년간 한해도 빠짐없이 팝 차트 상위 40위권 진입이라는 전무후무한 기록을 세운 엘튼 존

하) 스카치 위스키 브랜드의 하나인 조니워커. 표준중국어에서는 조니워커를 '웨한조우루(約翰走路, 조니가 걸어간다)'라고 한다.

8) 베컴(Beckham) → 뻭함(碧咸) - 베이커한무(貝克漢姆)

영국 출신의 축구선수 데이비드 베컴. 축구뿐 아니라 멋진 스타일로 세계 각국 축구팬들에게 사랑을 받고 있는 선수. 그 전 까지는 전혀 모르고 있다가 '2002 한일 월드컵' 때 이 선수를 처음 알게 되었다.

그리고 영국의 여성 5인조 팝 그룹 '스파이스 걸스(Spice Girls)'의 멤버 '빅토리아 베컴(활동 당시에는 빅토리아 애덤스)'의 남편이라는 것도 그때서야 알게 되었다. '스파이스 걸스'의 노래 중에서는 랩 댄스 형식

상) 축구뿐 아니라 멋진 스타일로 세계 각국 축구 팬들에게 사랑을 받고 있는 데이비드 베컴

하) 데이비드 베컴과 빅토리아 베컴 부부

의 '이프 유 캔트 댄스(If U Can't Dance)'가 제일 기억에 남는다 (축구 얘기는 안 하고 또 노래 얘기만… 축구를 좋아하는 편이 아니라 아는 게 별로 없다).

베컴은 광동어에서는 '빽함(碧咸)'이라고 하고 표준중국어에서는 '베이커한무(貝克漢姆)'라고 한다. 표준중국어의 '베이커한무'는 '베컴'과 전혀 비슷하게 들리지가 않는다. 위의 짐 캐리의 '지무카이리(吉姆凱利)'에서 본 것처럼 표준중국어는 'ㅁ' 받침에 해당하는 발음이 없기 때문에 이렇게 '베이커한무(貝克漢姆)'로 길게 늘여 쓸 수밖에 없는데, 이렇다 보니 발음도 원음에 한참 동떨어져 버린다. 'ㄱ' 받침이 없으니 '벡'이 아닌 '베이커'로 'ㅁ' 받침이 없으니 '함'이 아닌 '한무'로 번역을 하게 된 것이다. 베이커한무, 그냥 들으면 누가 베컴인 줄 알겠는가(아, 그러고 보니 우리 어렸을 적에 한무라는 코미디언 아저씨가 있었다).

그렇지만 광동어는 'ㄱ' 받침과 'ㅁ' 받침을 모두 발음할 수 있기 때문에, '빽함' 두 글자로 원래의 음에 거의 비슷하게 발음해낼 수 있다. 빽함을 글자를 보지 않은 채 발음만 듣게 되면 베컴과 상당히 비슷하게 들린다.

(3) 음으로 번역한 광동어, 뜻으로 번역한 표준중국어
1) 쿠키(cookie) → 콕케이(曲奇) - 빙간(餅乾)

쿠키 하면 대만 유학시절 친구 약혼식에서 받았던 쿠키 상자가 제일 기억에 남는다. 한국은 대체로 약혼식을 생략하고 결혼식만 올리는 반면 대만에서는 약혼식과 결혼식을 모두 올린다.

일반적으로 약혼식 때 신부 측 친척이나 친구들에게 쿠키를 선물로 나눠 주게 되는데(신랑 측 친척과 친구들에게는 주지 않는다), 이 쿠키를 시빙(喜餅)이라고 한다. 지난 2000년은 용띠 해였는데 그해 결혼을 하면 부부가 금슬 좋게 잘 살고 좋은 일이 많이 생긴다고 하여 대만 친구 8명이

여러 가지 맛있는 쿠키

차례로 결혼을 했다. 8명 중 대부분이 여자 친구들이어서 약혼식에 참석하고 매번 쿠키상자를 받아오고는 했다. 한 친구는 남자였는데 바로 아래 기수의 후배와 결혼을 했다. 우리는 신랑 측 손님으로 참석했지만 신부도 우리와 친분이 있는 사람이었기 때문에 역시 쿠키 상자를 선물로 받아왔다.

정말 다양한 쿠키 상자를 받아보았지만 그 중에서 제일 기억에 남는 상자가 하나 있다. B4 용지만한 크기에 철재로 만든 상자였는데, 뚜껑에는 영국 신사들이 쓰는 것과 비슷한 모자를 쓴 소녀의 옆모습이 그려져 있었다. 상자 안에는 가지각색의 쿠키들이 나란히 줄맞춰 놓여있었는데, 납작한 쿠키 가운데에 딸기 쨈이 들어 있는 것, 작은 초콜릿 조각이 군데군데 박혀 있는 것, 기다란 원통 모양에 초코크림이 나선형 모양으로 발라져 있는 것, 그리고 크기도 다양해서 동그란 것, 네모난 것, 길쭉한 것 등 정말 여러 가지 모양과 여러 가지 재료를 사용하여 만들어 놓은 쿠키들이 가득 담겨 있었다.

약혼식 때 나눠주는 쿠키는 시빙(喜餅)이라고 하지만 일반적으로 쿠키는 표준중국어로 '빙간(餅乾)'이라고 한다. '빙(餅)'은 '떡'이고 '간(乾)'은 말린 음식('마르다'는 뜻에서 파생되었다)이므로 직역하면 '말린 떡' 정

도가 되겠다. 그러면 광동어는 뭐라고 할까. 영어 발음과 비슷하게 그냥 '콕케이(曲奇)'라고 하면 된다.

광동어에는 이렇듯 영어 발음과 비슷하게 쓰는 경우가 상당히 많은데 이밖에 또 어떠한 단어들이 있는지 한번 살펴보기로 하자.

2) 젤리(jelly) → 쩰레이(啫喱) - 궈둥(果凍)

과일 젤리

과일을 넣어 만든 말랑말랑한 젤리들. 귤, 복숭아, 딸기, 포도, 사과, 망고 등등 그 종류만 해도 상당히 다양한데, 과일의 형태가 보이지 않게 만든 것도 있지만 요즘은 투명하고 탱탱한 젤리 속에 신선한 과일을 그대로 넣어 내용물을 한눈에 알아볼 수 있도록 만든 것들도 많이 있다.

이렇게 여러 종류의 젤리가 있지만 그 중에서도 미니컵 젤리, 특히 여지맛 젤리를 가장 좋아한다.

미니 컵 젤리는 아주 조그만 얇은 플라스틱 컵에 들어 있는 보들보들하고 말랑말랑한 젤리를 말하는 것으로, 가운데에 정육면체의 과육이 박혀 있는 것도 있다.

한국에서는 이 미니 컵 젤리를 수입 판매하다가 몇 년 전 어린아이들이 질식사 하는 사고가 발생한 후로는 판매를 중지했었다. 판매업자들이 먹는 방법을 제대로 기재하지 않았기 때문에 사고가 난 것이 아닌가 생각된다.

미니 컵의 아랫부분을 손가락으로 밀어올린 뒤 조금씩 베어 먹거나 아니면 찻숟가락으로 조금씩 떠먹어야 하는데 이러한 부분들을 주의사항으로 표시했는지 의문이다.

어린아이들이 젤리를 먹을 때, 컵의 입구부분을 입에다 댄 후 컵의 아랫부분을 밀어올림과 동시에 입안으로 힘껏 빨아들였을 것으로 생각된다. 밀착력이 강한 무척이나 말랑말랑한 젤리가 목안으로 빨려 들어가 기도에 막힌 채 그대로 걸려 있게 되어 이러한 사고가 발생하게 되지 않았나 싶다.

미니 컵 젤리. 플라스틱 컵 가운데에 정육면체의 과육이 박혀 있는 것도 있다.

젤리는 광동어로 '쩰레이(啫喱)'라고 한다. 표준중국어로는 '궈둥(果凍, 과일 젤리)'이라고 하는데 '궈(果)'는 과일을 말하고 '둥(凍)'은 반고체 상태나 젤리를 말한다. '둥(凍)'은 물론 '얼다'라는 뜻도 있지만 이처럼 '젤리'라는 뜻도 있다.

젤리(jelly)라는 외래어를 광동어에서는 음으로 번역하고 표준중국어에서는 뜻으로 번역했다.

3) 스트로베리(strawberry) → 시또뻬레이(士多啤梨) - 차오메이(草莓)

어린아이가 좋아하는 간식거리에는 항상 딸기맛이 빠지지 않고 들어간다. 사탕, 과자, 주스, 아이스크림, 그리고 위에서 말한 약혼식 쿠키나 젤리, 심지어는 물약과 치약에도 딸기맛이 들어간다. 그러고 보면 딸기맛은 아이들이 가장 좋아하는 맛이 아닐까 하는 생각이 든다. 약 먹는 것을 싫어하는 아이들을 위해 만든 기침약에 사과나 포도가 아닌 딸기향을 넣은 걸 보면 말이다.

달콤한 맛에 부드러운 질감, 입안 군데군데에서 씹히는 딸기씨의 느낌이 빨간 색깔과 잘 어울려 먹는 사람들을 흡족하게 만드는지도 모르겠다.

좌) 달콤한 맛에 부드러운 질감, 입안 군데군데에서 씹히는 딸기씨의 느낌이 빨간 색깔과 잘 어울려 먹는 사람들을 흡족하게 만드는지도 모르겠다.

우) 달콤한 딸기잼.

예전에는 집에서 딸기잼을 만들어 먹기도 했지만 요즘은 번거로워서 그냥 사다 먹는다. 중학교 다닐 때 가정 시간에 딸기잼 만드는 방법을 배웠었는데, 요즘도 학교에서 가정 시간에 잼 만드는 방법을 배우는지 궁금하다.

딸기는 광동어로 '시또뻬레이(土多啤梨)'라고 한다. 영어 스트로베리(strawberry)를 그대로 음역한 것인데, 표준중국어에서는 딸기라는 뜻의 글자 '메이(莓)'를 사용하여 '차오메이(草莓)'라고 한다.

4) 필름(film) → 페일람(菲林) - 자오쥐안(膠卷)

요즘은 디지털 카메라가 보편화되어서 카메라에 필름을 넣을 필요가 없지만, 80년대만 하더라도 필름을 끼워 넣는 필름 카메라가 대부분이었다. 카메라 뒷부분의 뚜껑을 열고 필름을 홈에 끼워 넣어야 하는데, 처음 해보는 사람들에게는 그다지 쉬운 일이 아니었다. 그래서 주위에 사진기를 들고 있는 사람들에게 부탁을 하거나, 한통 다 찍으면 그냥 그걸로 사진 찍는 걸 끝내버리기도 했다.

사오년 전쯤 이공계열 학생들에게 교양중국어를 가르치고 있을 때였다. 종강이 다가올 무렵, 강의가 끝나고 교재와 출석부를 가방에 넣고 있는데 한 남학생이 앞으로 다가왔다. 손에 아주 멋지게 생긴

전문가용 필름 카메라를 들고 있던 그 학생이 나한테 모델을 해 줄 수 있느냐고 물었다. 교양과목으로 사진 관련 수업을 듣고 있다면서, 기말 리포트로 사진을 찍어서 제출해야 하기 때문에 모델이 필요하다고 했다. 모델? 그런 건 키도 크고 다리도 길쭉길쭉한 사람들이 해야 하는 거 아닌가? 내가 신체조건 미달로 사진을 망치면 어떻게 하냐고 했더니 괜찮다는 거다. "그냥 평소에 강의하시듯이 포즈만 잡아주시면 됩니다." 그래서 즉석에서 그 학생 주문대로 여러 가지 포즈를 취해줬다. 플래시가 쉬지 않고 터지는 것이 내가 정말 모델이 된 것 같은 기분이 들었다.

상) 필름
하) 카메라

그런데 사진을 현상하면 보내주겠다던 학생한테서 연락이 없었다. 사진이 생각대로 잘 나오지 않았던 모양이구나. 역시 내가 사진을 망쳐버렸나. 아니면 진짜 8등신 모델을 찾았거나, 그것도 아니면 리포트를 내고서 방학이 되자 사진 보내주는 것을 잊어버렸거나. 하긴 사진을 보내달라고만 하고 주소 가르쳐주는 걸 잊어버렸으니 사진을 보낼 방법이 없었겠지. 어쨌든 그 학생 덕분에 전혀 색다른 참신한 경험을 할 수 있었다.

필름은 광동어로 '페일람(菲林)'이라고 한다. 영어발음 그대로 음역을 한 것인데, 표준중국어에서는 필름의 모양을 본 떠 '자오쥐안(膠卷, 플라스틱 두루마리)'이라고 한다.

5) 넘버(number) → 람바(冧巴) - 하오마(號碼)

사물을 구별하기 위해 붙이는 숫자인 '번호'를 광동어에서는

좌) 여러 가지 숫자들
중) 한국영화 '넘버 3'. 영어 'number'를 발음 그대로 쓰고 있다.
우) 짐 캐리 주연의 영화 '넘버 23'

'람바(冧巴)'라고 하는데, 이는 영어 '넘버(number)'를 음역한 것이다.

우리나라에서도 번호를 넘버라고 하는 경우가 많은데, 차량넘버나 로또넘버, 백넘버처럼 차량번호나 로또번호, 운동선수 등 뒤에 붙이는 번호를 나타낼 때 사용하기도 하고, 넘버 세븐이나 넘버원처럼 행운의 숫자를 나타내거나 으뜸가는 사람 혹은 물건을 나타낼 때 사용하기도 한다.

한국영화 '넘버 3'나 할리우드 배우 짐 캐리가 주연한 영화 '넘버 23'도 숫자나 번호가 아닌 넘버라고 쓰고 있다.

'서열 세 번째' 혹은 '숫자 23'이라고 했으면 이상했을까. 어쨌든 광동어와 마찬가지로 한국어에서도 번호나 숫자라는 표현 대신 영어 넘버를 그대로 사용하는 경우가 많이 있다.

표준중국어에서는 'number'를 순서나 번호를 나타내는 '하오(號)'와 숫자를 나타내는 '마(碼)'를 합해 '하오마(號碼)'라고 한다.

 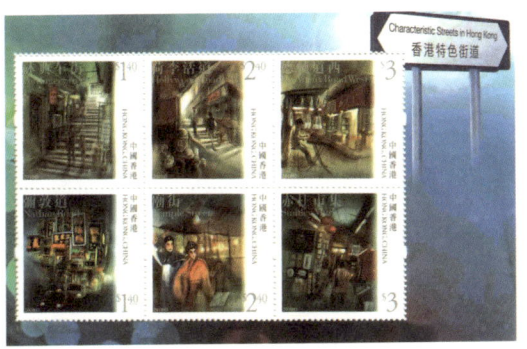

좌) 1953년 6월 홍콩에서 발매된 영국 엘리자베스 여왕 우표

우) 2010년 홍콩에서 발매된 홍콩특색거리(香港特色街道)우표. 홍콩의 유명한 거리들을 6장의 우표에 모아 놓았다.

6) 스탬프(stamp) → 시땀(士擔) - 유퍄오(郵票)

　　　　요즘은 초등학교에서 방학을 하면 어떤 숙제를 내주는지 잘 모르겠지만 우리 때는 탐구생활이라는 것이 있었다. 일종의 방학숙제용 학습교재인데, 탐구생활 안에 적힌 산수 문제를 풀거나 국어 문제를 풀거나 미술작품을 만들거나 해야 했다. 그래서 성냥개비를 바닥에 죽 늘어놓고 삼각형이나 사각형을 만들면서 산수 문제를 풀기도 했고, 신문지를 잘게 찢어 물에 불린 다음 빵빵하게 부푼 고무풍선에 흐물흐물해진 신문지를 붙여 말린 후 탈바가지를 만들기도 했다.

　　　　그래도 이런 것들은 할만 했다. 하는 재미도 있었고 알아가는 기쁨도 있었으니까. 그런데 제일 하기 애매했던 것이 바로 무언가를 모아가야 하는 '수집'이었다. 평소에 딱히 모아둔 것도 없는 상황에서 방학 동안 한꺼번에 모으려면 상당히 골치가 아팠다. 그래서 개학날이면 우표 열 장 대충 모아서 학교에 갔다.

　　　　그런데 3학년 때였나. 내 짝이던 남자아이가 우표를 가지각색 종류로 모아 왔는데 각 종류가 모두 사오십 장씩 한꺼번에 붙어 있었다. 그날 엄청나게 충격을 받고서 어떻게 모아왔느냐고 물었더니 전부 다 삼촌이 사주신 거라고 했다. 어린 나이였지만 난 그 순간 이건 엄연한 반칙이라는 생각이 들었다. 자기 숙제를 왜 삼촌이 대신 돈 내가면서 해주어야 하는 거냐고. 이런 안 좋은 기억 때문에 그 후로는 학교에서 뭘 수집해오라고 하면 저런 걸 굳이 왜 시키나 하는 생각부터 들었다.

지금은 이메일이나 문자메시지를 보내는 것이 보편화되어 편지 쓰는 일이 아주 드물어졌지만, 우리 중고등학교 시절만 하더라도 우표 붙여 편지 보내는 것은 흔히 있는 일이었다. 사흘이 멀다 하고 친구들에게 편지를 보냈고 그녀들에게서 받은 답장을 몇 번씩 다시 읽기도 했다. 요즘의 학생들은 이런 낭만을 느끼지 못하는 것 같아 많이 아쉽다.

홍콩이 영국의 식민지였던 시절에 교육을 받은 중장년층은, 우표를 영어 '스탬프(stamp)'를 음역하여 '시땀(士擔)'이라고 하지만, 요즘의 젊은이들은 '시땀'이라고 하지 않고 '야우피우(郵票의 광동어 발음)'라고 한다. 표준중국어도 한국어와 마찬가지로 우표 즉 '유퍄오(郵票)'라고 한다.

7) 바이올린(violin) → 와이우린(歪烏連) – 샤오티친(小提琴)

악기의 종류에는 여러 가지가 있지만 그 중에서도 현악기, 특히 바이올린을 가장 좋아한다. 소리가 너무 날카롭다고 해서 싫어하는 사람도 있지만 내 귀에는 상당히 여리고 섬세하게 들린다.

바이올린 연주곡 중에서는 에드워드 엘가의 '사랑의 인사'를 제일 좋아하는데 화창한 날보다는 비오는 날 혹은 기분이 울적한 날 들으면 감정이 정화되는 느낌이 들어 더욱 좋다.

이곡은 엘가가 그의 사랑하는 아내 앨리스에게 바친 곡으로 원래는 피아노곡이었지만, 후에 바이올린과 첼로의 독주곡으로 편곡이 되었다. 첼로 연주는 바이올린 연주보다 훨씬 더 중후한 느낌이 든다.

사랑의 인사가 어떤 곡일까. 다들 한 번쯤은 들어 보았을 거라 생각된다. 몇 년 전 일요일 저녁에 하는 연예인들의 퀴즈 맞추기 오락프로에 깜찍한 7명의 여자 아이들이 나와서 '흰 눈이 기쁨 되는 날/ 흰 눈이 미소되는 날/ 흰 눈이 꽃잎처럼 내려와/ 우리의 사랑 축복해'라고 노래를 불렀었다. 그 당시 이 노래는 '뒷다리가 쑥~ 앞다리가 쑥~' 하는 올챙이 노래와 더불어 많은 사람들에게 주목을 받았었다. 오락프로에서 아이들이 부른 노래는 빠른 템포로 율동에 알맞게 편곡이 되어 흥겨운 느낌이 났지만, 원곡은 흥겨운 느낌보다는 애절한 느낌이 훨씬 더 많이 묻어난다.

앞에서 말한 우표와 마찬가지로 홍콩의 중장년층은 바이올린을 '와이우린(歪烏連)'이라고 하지만, 젊은 사람들은 '와이우린'이라고 하지 않고 '씨우타이캄(小提琴의 광동어 발음)'이라고 한다. 불과 10여 년 전만 하더라도 보편적으로 사용되었던 이 '와이우린(歪烏連)'은 바이올린을 음역한 것으로, 광동어에는 'v'에 해당하는 발음이 없기 때문에 'ㅇ' 발음으로 'v'의 'ㅂ' 음을 대신하여 쓰게 되었다.

표준중국어에서는 바이올린을 '샤오티친(小提琴, 손에 들고 연주할 수 있는 작은 악기)'이라고 한다.

상) 여리고 섬세한 선율의 현악기 바이올린

하) '사랑의 인사'를 작곡한 에드워드 엘가. '사랑의 인사'는 엘가가 그의 사랑하는 아내 앨리스를 위해 만든 곡으로 유명하다.

8) 투나(tuna) → 탄나위(吞拿魚) – 진창위(金槍魚)

참치 회

어릴 적 우리 집 식탁에는 거의 매일 생선이 올라왔었다. 우리 가족이 모두 생선을 좋아한 데다가 그 당시에는 지금처럼 생선 값이 그렇게 비싸지 않았기 때문이었다. 엄마를 따라 시장에 가면 생선가게 아주머니가 매번 제일 큰 것으로 골라주셨다.

갈치, 고등어, 병어, 조기, 꽁치 등등 그 당시 먹을 수 있는 생선은 모두 다 먹어봤던 것 같은데, 참치 통조림이 나온 이후에는 참치 통조림도 무지하게 많이 먹었었다.

참치 통조림은 다른 생선 통조림보다 훨씬 더 많은 방법으로 요리를 해 먹을 수 있어서, 김치를 넣고 찌개를 끓이거나 밥을 넣어 볶아 먹을 수도 있고, 식빵 사이에 끼워 샌드위치를 만들거나 야채를 곁들여 샐러드를 해서 먹을 수도 있다.

이렇게 참치는 가공하여 통조림으로 만들어 먹기도 하지만, 생선회처럼 날것으로 먹기도 한다. 참치는 부위별로 색깔도 다르고 맛도 다르기 때문에 한 마리로 여러 가지 맛을 즐길 수 있다.

참치는 광동어로 '탄나위(吞拿魚)'라고 한다. '탄나(吞拿)'는 참치를 뜻하는 영어 '투나(tuna)'를 음역한 것이고, '위(魚)'는 물고기라는 뜻을 나타내는 것이다. 즉 음역(탄나, 吞拿)을 한 후에 단어의 뜻(위, 魚)을 더하여 '탄나위(吞拿魚)'라고 하게 되었다. 표준중국어는 '진창위(金槍魚)'라고 하는데 헤엄치는 속도가 창(槍)처럼 빠르다고 해서 이러한 이름이 붙게 되었다.

제3장
광동어의 글자

입 구(口)部를 쓰는 광동어 상용글자
이(呢) | 저(嗰) | 오다(嚟) | 아니다(唔) | 물건, 일, 녀석(嘢) | 조금(啲) | 이렇게, 저렇게(咁, 噉)
~들(哋) | ~의(嘅) | 있다, ~에, ~에서, ~에서부터(喺)

모양이 특이한 글자
그 사람, 그녀(佢) | 무엇(乜) | 없다(冇) | 예쁘다(靚) | 왜소하다, 수입 등이 적다(奀)
피곤하다(癐) | 잠자다(瞓) | 찾다(搵) | 암컷(乸)
바퀴벌레(甴曱) | 모두(冚唪唥)

한자 본래의 뜻과 다른 글자
점 → 어떻게(點) | 가장자리 → 어느(邊) | 다리 → 방법(橋)
소리 지르다 → 울다(喊) | 희롱하다 → 화내다(嬲) | 매다, 연계하다 → ~이다(係)
참다 → 오랫동안(耐) | 귀신 → 누구(막연한 사람), 서양사람, 엄청나게(鬼)

한국 한자와는 같지만 표준중국어와는 다른 글자
먹다(食-吃) | 마시다(飲-喝) | 걷다(行-走) | 달리다(走-跑)
입다(着-穿) | 날(日-天) | 집(屋-房) | 방(房-屋)

01
입 구(口) 部를 쓰는 광동어 상용글자

광동어에는 우리가 일반적으로 사용하는 한자와는 전혀 다른 모양의 한자들이 상당히 많은데, 이러한 글자들은 대부분이 광동어를 사용하는 사람들이 자체적으로 새롭게 만들어낸 것이다.

이렇게 새로이 만들어낸 글자 중에서 입 구(口) 部를 사용하여 만든 글자들이 유난히 많은데, 글자의 독음과 입 구(口) 部를 제외한 부분의 발음이 일치하는 경우가 상당히 많다.

예를 들면 '㗎'는 '고'라고 읽는데 입 구(口) 部를 제외한 '個' 역시 '고'라고 읽는다. '嘢'도 이와 마찬가지여서 '嘢'와 입 구(口) 部를 제외한 '野'의 발음이 서로 같다. 즉 '嘢'도 '예'라고 읽고 '野' 또한 '예'라고 읽는다.

한자를 체계적으로 배우기 시작할 무렵에는 항상 맨 먼저 육서(六書)라는 한자 생성의 원리부터 배우게 된다. 육서라는 것은 한자가 만들어진 여섯 가지 원리를 말하는 것으로, 상형(象形), 지사(指事), 회의(會意), 형성(形聲), 전주(轉注), 가차(假借)가 이에 해당한다(강의시간에 간혹 육서에 대해 설명하는 경우가 있는데, 이 때 육서를 여섯 가지 책이라고 대답하는 학생들도 있다).

상형은 사물의 모양을 본떠서 만든 글자를 말하고, 지사는 추상적인 생각이나 개념을 부호로 나타내서 만든 글자를 말한다.

회의는 이미 만들어진 두 개 이상의 글자가 뜻으로 결합하여 새로운 뜻의 글자로 만들어진 것을 말하고, 형성은 뜻을 나타내는 부분과 음을 나타내는 부분이 결합되어 만들어진 것을 말한다.

전주는 글자가 가지고 있는 본래의 의미가 확대되어 다른 뜻으로 사용되는 것을 말하며, 가차는 원래의 뜻과는 상관없이 음을 빌어 사용하는 것을 말한다.

일반적으로 상형, 지사, 회의, 형성은 글자를 만드는 원칙을 말하는 것이고, 전주와 가차는 글자를 사용하는 원칙을 말하는 것이다.

광동어에서 입 구(口) 部를 쓰는 글자들은 육서 가운데 형성에 해당한다. 형성은 글자의 한 부분은 음을 나타내고 다른 한 부분은 뜻을 나타내기 때문에, 이러한 글자들은 엄밀히 말하면 형성이라고 말하기 곤란할 수도 있다. 입 구(口) 部를 쓰는 글자들에서 입 구(口) 部는 뜻을 나타내지 않기 때문이다. 하지만 입 구(口) 部가 비록 뜻을 나타내지 않는다고는 하나, 음을 나타내는 부분에서는 글자의 독음을 쉽게 알 수 있도록 해 주기 때문에 광동어의 특색을 선명하게 지닌 형성자라고 해도 무방할 듯하다.

이렇게 입 구(口) 部를 쓰는 글자들은 광동어의 상용 글자에 특히 많이 나타난다. 예를 들면 '이것'을 가리키는 '니(呢)'와 '저것'을 가리키는 '고(嗰)', '오다'라는 뜻의 '라이(嚟)', '아니다'라는 뜻의 '음(唔)',

'~의'라는 뜻의 '게(嘅)', 그리고 '존재하다'뿐 아니라 '~에서', '~에서부터'의 뜻까지 고루 갖춘 '하이(喺)'까지. 이러한 글자들은 모두 광동어에서 가장 빈번하게 사용되는 주요 글자 중의 하나이다.

입 구(口) 部는 영어의 알파벳 'o'와 유사하게 생겼고 타자치기도 쉽기 때문에 홍콩의 젊은이들은 메일을 쓸 때나 인터넷에 글을 올릴 때 종종 입 구(口) 部 대신 영어의 알파벳 'o'를 사용하기도 한다. 예를 들면 '嚟'는 'o黎'로, '哋'는 'o地'로, '喺'는 'o係'로 쓴다.

이렇듯 알파벳 'o'를 사용하여 글자를 표현해내는 방법은, 이러한 글자들이 형성의 원리로 만들어졌다는 것을 은연중에 암시한다고도 볼 수 있을 것이다. 알파벳 'o'를 사용하여 두 개처럼 분리해서 쓰게 되면, 음을 나타내는 부분이 더 쉽게 인식이 되어 글자의 독음을 읽어내기가 훨씬 더 쉽기 때문이다.

1) 이(呢)

'니(呢)'는 말하는 사람과 가까운 곳에 위치한 사람, 사물, 방향을 가리키는 말로 영어의 'this'에 해당한다. 이에 해당하는 표준중국어는 '저(這)'이다.

'呢'는 '니'라고 읽지만 '네이'나 '레이'로 발음하기도 한다. 광동어에서 '니(呢)'는 대부분 말하는 사람과 가까운 것을 가리키는 지시대명사 '이'로 사용되지만, 표준중국어에서는 의문문의 끝에 놓여 무엇인가를 물어보는 느낌으로 사용된다(광동어에서도 표준중국어와 마찬가지로 문장 끝에 놓여 의문문으로 사용되는 경우도 있다).

지시대명사로 사용되는 '니(呢)'를 예로 들어보면 '니도우(呢度)'와 '니쒀(呢處)'가 있는데, 두 단어 모두 '이 곳, 여기'라는 뜻이다. 이밖에 '이런 종류'라는 뜻으로 쓰이는 '니젝(呢隻)'도 있는데, 이 역시 '니(呢)'가 지시대명사로 사용되고 있다.

2) 저(嗰)

嗰

'고(嗰)'는 말하는 사람과 멀리 떨어진 곳에 위치한 사람, 사물, 방향을 가리키는 말로 영어의 'that'에 해당한다. 이에 해당하는 표준중국어는 '나(那)'이다.

우리말에는 '이'와 '저' 외에 '그'라는 표현이 있는데 그것, 그쪽 등과 같이 듣는 사람과 가까운 곳에 위치한 사물이나 방향을 가리킬 때 사용한다.

한국어는 이렇게 무엇인가를 가리키는 지시대명사가 세 가지로 나뉘지만 광동어나 표준중국어는 세 가지가 아닌 두 가지로만 나뉜다. 즉 '이'와 '저' 두 가지로만 나뉘게 되는데, 듣는 사람과 가까운 곳에 위치한 것을 말하는 '그'는 '저'에 포함된다.

그렇기 때문에 광동어의 지시대명사는 '이'를 나타내는 '니(呢)'와 '저'나 '그'를 나타내는 '고(嗰)' 두 가지만 존재한다.

'고(嗰)'는 입 구(口) 部에 낱 개(個) 자가 결합하여 만들어진 글자인데, 이 '고(嗰)'와 낱개를 나타내는 '고(個)'가 만나면(嗰個, 고고) 저것,

그것이라는 뜻이 된다. 이 두 글자는 발음은 같지만 성조는 서로 달라서, 입 구(口) 部의 '고(嗰)'는 중간 음에서 높은 음으로 끌어올리듯이 발음하는 높은 상승조로 발음하고, 낱개의 '고(個)'는 중간 음에서 처음부터 끝까지 음의 변동 없이 발음하는 중간 수평조로 발음한다(제1장 '광동어란 무엇인가' 부분의 성조에 대한 설명을 참조할 것).

'고(嗰)'를 사용하는 단어에는 '고도우(嗰度)'가 있는데, 이는 '저기' 혹은 '거기'라는 뜻으로 사용된다. '고쒸(嗰處)' 역시 장소를 나타내는 말로, '고도우(嗰度)'처럼 '저기' 혹은 '거기'라는 뜻으로 쓰인다.

3) 오다(嚟)

嚟

검을 여(黎) 자를 보면 항상 홍콩 배우 여명(黎明)이 생각난다. 동시에 그가 서기(舒淇)와 주연한 영화 '유리의 성'에서 불렀던 '트라이 투 리멤버(Try To Remember)'도 함께. 하지만 한동안 한밤의 라디오 프로에서 '잘자요~'라는 클로징 멘트를 그윽하게 날리며, 깊은 밤 많은 여성들을 잠 못 들게 한 우리나라 어느 가수의 'Try To Remember' 만큼 감미롭지는 않은 것 같다.

입 구(口) 部에 이 검을 여(黎) 자가 합해지면 '라이(嚟)'가 되는데, 이는 '오다'라는 뜻이다. 예를 들어 '코위 라이(佢嚟, 그(그녀)가 오다)' 혹은 '얍 라이(入嚟, 들어오세요)'처럼 쓴다.

이 '嚟'는 원래 '라이'라고 읽지만 '레이'라고도 읽는다. 즉 '佢嚟'는 '코위 라이' 혹은 '코위 레이'로, '入嚟'는 '얍 라이' 혹은 '얍 레이'로 읽는다.

4) 아니다(唔)

唔

우리말에서 '아니다'라는 뜻의 한자는 보통 '아닐 불(不)'이나 '아닐 비(非)' 자를 많이 쓰는데, 예를 들면 불가능(不可能)이나 불완전(不完全), 혹은 비공식(非公式)이나 비인간적(非人間的)처럼 쓰인다. 이밖에 '아닐 미(未)' 자를 쓰기도 하는데 주로 미완성(未完成)이나 미성년(未成年)처럼 쓰이고 있다.

표준중국어에서는 한국어와 마찬가지로 '부(不)'를 '아니다'의 대표 글자로 사용하는데, 광동어에서는 우리에게 조금 낯선 '음(唔)'이라는 글자를 사용한다. 입 구(口) 部에 일인칭 대명사 '나 오(吾)'가 합해져서 만들어진 글자로 '~이 아니다'라는 뜻의 부정사로 사용된다.

예를 들어 '음라이(唔嚟, 오지 않는다)', '음호위(唔去, 가지 않는다)', '음하이(唔係, ~이 아니다)', '음호우(唔好, 좋지 않다 혹은 ~하지 마라)' 등으로 사용되는데, 이 '음(唔)'은 알파벳으로 표기할 때에는 'm'으로 적는다. 그렇기 때문에 홍콩에서는 비공식적인 글을 쓰는 경우에는 '唔' 대신 'm'을 쓰기도 한다. 즉 '唔嚟(음라이)'는 'm嚟'로, '唔去(음호위)'는 'm去'로, '唔係(음하이)'는 'm係'로, '唔好(음호우)'는 'm好'로 쓴다.

5) 물건, 일, 녀석(嘢)

우리가 잘 알고 있는 글자인 '들 야(野)' 자는 들이라는 뜻뿐 아니라 시골이나 교외, 질박함이나 야생의 상태 혹은 익숙하지 못한 상태 등을 나타낸다. 요즘은 사극이 대세라 그런지 이 글자만 보면 야합이라는 단어가 먼저 떠오른다.

　　이 '들 야(野)' 자에 입 구(口) 部가 합해지면 세 가지의 전혀 다른 뜻을 나타내게 되는데, 물건이나 일, 녀석과 같은 뜻을 나타내게 된다. 발음은 '野'와 동일하게 '예'라고 한다.

　　'예(嘢)'가 '물건'이라는 뜻으로 쓰일 때는 '렝예(靚嘢, 예쁜 물건, 좋은 물건)'나 '펭예(平嘢, 싼 물건-평평하다는 뜻의 '平'은 광동어에서는 '싸다'라는 뜻이다. 그러므로 여기에서의 平嘢는 평평한 물건이 아니라 싼 물건이다)', 또는 '마이예(買嘢, 물건을 사다)'처럼 쓰인다.

　　또한 '일'이라는 뜻으로 쓰일 때는 '조우예(做嘢, 일을 하다)'처럼 쓰이기도 한다.

　　이밖에 '녀석'이라는 뜻도 있는데 이는 비하적인 의미를 내포하고 있기 때문에 녀석보다는 '자식'이라는 표현이 더 적합할 듯하다. 이러한 표현은 예를 들어 '니 고 예 짠 음 텡 와(呢個嘢眞唔聽話, 이 자식은 진짜 말 안 들어)'처럼 쓰이는데, 이 문장에서 '예(嘢)'는 말 안 듣고 속 썩여서 마음에 들지 않는 사람을 가리키는 것이기 때문에, 단순히 사람이나 녀석으로 번역을 하는 것보다는 자식이라고 번역하는 것이 더 적합하다. 녀석은 남자를 낮추어 부르는 말일 뿐 욕으로 쓰이지는 않지만, 자식은 욕으로도 쓰이기 때문이다. 이 문장을 잘못 해석해서 '이 물건은 진짜 말 안 들어' 내지는 '이 일은 진짜 말 안 들어'라고 해석하면 곤란하다.

6) 조금(啲)

啲

　　'띠(啲)'는 입 구(口) 部에 과녁 적(的) 자를 합한 것으로, '조금, 약간'이라는 뜻으로 쓰인다. 표준중국어의 '셰(些)'에 해당하는 이 글자는, 영어의 알파벳 'D'와 발음이 비슷하기 때문에 홍콩에서는 종종 한자 '띠(啲)' 대신 알파벳 D나 d를 쓰기도 한다.
　　예를 들면 '빨리 좀 해!'는 광동어로 '파이띠라(快啲啦!)'라고 하는데, '啲'를 D나 d로 바꿔서 '快D啦!' 혹은 '快d啦!'라고 쓰기도 한다.
　　영어를 처음 배울 때 'Good morning'이나 'Hello' 같은 인사말 다음에 배웠던 것이 '이것은 무엇입니까?'의 'What's this?'였던 것 같다. 표준중국어를 배울 때도 마찬가지였던 것 같고. 그럼 광동어로 '이것은 무엇입니까?'는 뭐라고 할까. 위에서 말했던 입 구(口) 部를 사용하는 단어들을 조합해보면 된다. 즉 '니 띠 하이 맛 예 아(呢啲係乜嘢啊?)'라고 하면 되는데, '니띠(呢啲)'는 '이것들'이라는 복수의 뜻이지만 이처럼 '이것'이라는 단수로도 쓰인다. 즉 '니 띠 하이 맛 예 아(呢啲係乜嘢啊?)'는 '이것들은 무엇입니까?'도 되고 '이것은 무엇입니까?'도 된다.

7) 이렇게, 저렇게(咁, 噉)

咁 噉

　　'감(咁)'과 '감(噉)'은 모두 '이렇게' 혹은 '저렇게(그렇게)'라는 뜻으로 쓰인다. 두 글자 모두 뜻은 똑같지만 '감(咁)'은 형용사 앞에, '감

(嗷)'은 동사 앞에 놓인다는 점이 조금 다르다.

예를 들면 '감(咁)'은 많다는 뜻의 형용사 '또(多)' 앞에 놓여 '감또(咁多, 이렇게 많이)'처럼 쓰이고, '감(嗷)'은 하다라는 뜻의 동사 '조우(做)' 앞에 놓여 '감조우(嗷做, 이렇게 하다)'처럼 쓰인다.

'감(咁)'은 입 구(口) 部에 달 감(甘) 자, '감(嗷)'은 입 구(口) 部에 감히 감(敢) 자가 합해져서 만들어진 글자로, 둘 다 '감'으로 읽는다. 입 구(口) 部가 없는 '감(甘)'이나 '감(敢)'도 이와 마찬가지로 역시 '감'으로 읽는다.

그런데 '감(咁)'과 '감(嗷)'은 발음은 같지만 성조는 서로 다르다. '감(咁)'은 앞에서 말한 '고(個)'와 마찬가지로 중간 음에서 처음부터 끝까지 음의 변동없이 발음하는 중간 수평조로 발음하고, '감(嗷)'은 '고(嗰)'와 마찬가지로 중간 음에서 높은 음으로 끌어올리듯이 발음하는 높은 상승조로 발음한다.

8) ~들(哋)

哋

영어에서는 나 혹은 그(그녀)에 해당하는 단어들을 복수형인 우리, 그들(그녀들)로 바꾸게 되면 글자의 모양 자체가 변하게 된다. 예를 들어 'I(나)'는 'we(우리)'로 바뀌고, 'he(그)'나 'she(그녀)'는 'they(그들)'로 바뀐다.

그렇지만 중국어는 이와 달라서 나, 너, 그(그녀)라는 단어에 글자 하나만 덧붙이면 복수형이 된다.

예를 들어 표준중국어에서 '우리'는 '나'라는 뜻의 '워(我)'에 복수를 나타내는 '먼(們)'을, '너희'는 '너'라는 뜻의 '니(你)'에 '먼(們)'을, '그들(그녀들)'은 '그'나 '그녀'라는 뜻의 '타(他)' 혹은 '타(她)'에 '먼(們)'을 붙이면 된다. 그래서 '우리'는 '워먼(我們)'이 되고 '너희'는 '니먼(你們)' '그들'이나 '그녀들'은 '타먼(他們)' 혹은 '타먼(她們)'이 된다.

광동어도 이와 같아서 나, 너, 그(그녀)에 '데이(哋)'만 붙이면 복수형으로 바뀌게 된다. 즉 '우리'는 '오(我)'에 '데이(哋)'를 붙여 '오데이(我哋)', '너희'는 '네이(你)'에 '데이(哋)'를 붙여 '네이데이(你哋)', '그들'이나 '그녀들'은 '코위(佢)'에 '데이(哋)'를 붙여 '코위데이(佢哋)'로 쓴다.(광동어에서는 그와 그녀를 남여 구별 없이 모두 '佢(코위)'로만 쓴다).

9) ~의(嘅)

嘅

입 구(口) 部에 이미 기(旣) 자가 합해진 '게(嘅)'는 광동어에서 '~의'라는 뜻으로 쓰인다. 이는 표준중국어의 '더(的)'에 해당한다.

예를 들면 '오게쒸(我嘅書, 나의 책)', '네이게싸우(你嘅手, 너의 손)', '코위게씨(佢嘅事, 그의 일)'와 같이 쓰인다.

10) 있다, ~에, ~에서, ~에서부터(喺)

'하이(喺)'는 상당히 다양한 뜻으로 쓰이는데, 존재하다는 뜻의 '있다'뿐 아니라 시간을 나타내는 '~에', 장소를 나타내는 '~에서', 그리고 출발점을 나타내는 '~에서부터'까지, 상당히 여러 가지 뜻으로 쓰인다.

예를 들어 존재하다는 뜻의 '있다'는 '오 하이 니 도우(我喺呢度, 나 여기에 있어)'처럼 쓰이고, 시간을 나타내는 '~에'는 '코위 쌍 하이 얏 가우 빳 록 닌(佢生喺一九八六年, 그는 1986년에 태어났어)'처럼 쓰인다.

장소를 나타내는 '~에서'는 '오 쥐 하이 싸우 이(我住喺首爾, 나 서울에서 살아)'처럼 쓰이고, 출발점을 나타내는 '~에서부터'는 '네이 하이 삔 도우 라이(你喺邊度嚟?, 너 어디에서(부터) 왔니?)'처럼 쓰인다.

'하이(喺)'는 입 구(口) 部와 '~이다'라는 뜻의 '하이(係)'가 합해져서 만들어진 글자로, '하이(係)'와 발음은 똑같지만 성조는 서로 다르다. '있다'의 '하이(喺)'는 중간 음에서 높은 음으로 끌어올리듯이 발음하는 높은 상승조로 발음하지만, '~이다'의 '하이(係)'는 낮은음에서 처음부터 끝까지 음의 변동 없이 발음하는 낮은 수평조로 발음한다.

02 모양이 특이한 글자

1) 그 사람, 그녀(佢)

佢

영어에서 그 사람, 즉 3인칭 남성을 나타낼 때에는 'he'를 사용하고, 3인칭 여성인 그녀를 나타낼 때에는 'she'를 사용한다. 남녀의 성별에 따라 단어를 달리 사용하게 되는데 표준중국어 역시 영어와 마찬가지로 3인칭 남성인 '그'를 나타낼 때에는 '타(他)'를, 3인칭 여성인 '그녀'를 나타낼 때에는 '타(她)'를 사용한다(남성일 경우에는 사람 인(亻) 部를 사용하고, 여성일 경우에는 계집 녀(女) 部를 사용한다).

광동어에서는 표준중국어와는 조금 다르게 사람 인(亻) 部를 쓰는 '코위(佢)'가 '그'나 '그녀'를 나타내는데, 남녀 구분 없이 사용된다.

'코위(佢)'는 원래 '渠'라고도 쓰고 '傑'라고도 썼는데 지금은 간략하게 '佢'라고만 쓴다. 이 두 글자 '渠'와 '傑'는 본래 '도랑'이라는 뜻을 가지고 있었지만, 송나라와 원나라 때부터는 3인칭을 나타내는

'그'라는 뜻으로도 쓰이게 되었다.

그렇다면 현재의 광동어에서 '그'라는 뜻과 '도랑'이라는 뜻은 어떻게 구분해낼 수 있을까. 일반적으로 '佢'를 사용하면 '그'나 '그녀'라는 뜻이고, '渠'를 사용하면 '도랑' 혹은 '수로'라는 뜻이다. 예를 들어 '코위쎅(佢食, 그(그녀)가 먹는다)', '코위호위(佢去, 그(그녀)가 간다)'처럼 쓰이면 '그' 혹은 '그녀'라는 뜻이고 '쏘위코위(水渠, 도랑)'나 '코위도우(渠道, 관개수로)'처럼 쓰이면 도랑 혹은 수로라는 뜻이다.

'佢'는 광동어뿐 아니라 다른 방언 지역에서도 '그' 혹은 '그녀'라는 뜻으로 많이 사용되고 있다.

2) 무엇(乜)

乜

어조사 야(也) 자에 가운데 획 하나가 없는 글자. 한자 자전에서 이 글자를 찾아보면 뜻은 '사팔뜨기', 발음은 '먀'라고 나온다. 한국말인데도 발음하기 무지하게 어렵다. '먀'.

이 '먀'라는 발음을 가진 글자는 그 많은 한자 가운데 이 글자 하나밖에 없다. 왜 이렇게 발음하기 힘든 음을 붙이게 되었을까. 다른 글자와 비교해서 모양에서부터 충분히 다른 특징을 지니고 있기 때문에 발음도 이렇게 특이하게 붙인 것은 아닌가하는 생각이 든다.

모양도 특이하고 발음도 특이한 이 글자는 광동어에서 '사팔뜨기'가 아닌 '무엇' 혹은 '왜'라는 뜻으로 쓰인다. 발음은 '맛'이라고 한다.

'맛(乜)'이 '무엇'이라는 뜻으로 쓰인 경우는 '맛레이야우(乜理由, 무슨 이유)'가 있고 '왜'라는 뜻으로 쓰인 경우는 '맛 네이 음 쎅(乜你唔食?, 너 왜 안 먹어?)'이 있다.

이 '乜'은 대부분 다른 글자와 결합하여 의문사를 만들게 되는데 '맛예(乜嘢, 무엇)', '맛꽈이(乜鬼, 무엇-불만스러운 느낌으로 말할 때 사용함)' 또는 '맛쏘위(乜誰, 누구)'처럼 쓰인다.

예를 들면 '네이 마이 맛 예(你買乜嘢?, 너 뭘 사니?)' 또는 '종 쎅 맛 꽈이(仲食乜鬼?, 또 뭘 먹으려고?)', 그리고 '코위 하이 맛 쏘위(佢係乜誰?, 그 사람 누구니?)'처럼 쓰인다.

또 하나 '맛(乜)'과 '맛(物)'이 두 번씩 결합된 '맛맛맛맛(乜乜物物)'이라는 상당히 특이한 단어가 있는데, '이것저것', '이런저런', '이러쿵저러쿵'이라는 뜻으로 네 글자의 발음이 모두 '맛'으로 똑같다. 그런데 성조는 서로 달라서 앞부분의 '맛(乜)'은 높은 음에서 짧고 빨리 닫는 높은음 입성으로 발음하고, 뒷부분의 '맛(物)'은 낮은 음에서 짧고 빨리 닫는 낮은음 입성으로 발음한다.

3) 없다(冇)

冇

'모우(冇)'는 광동어 자체내에서 만들어낸 글자로, '있다'라는 뜻의 '야우(有)'에서 가운데 두 획을 생략하여 만든 것이다. '有'에서 두 획이 없어졌으니 없다라는 뜻이 되는 것이다.

한자 자전을 찾아보면 이 글자는 없을 '유'라고 나온다. 광동어에서는 '있다(有)'와 '없다(冇)'가 서로 발음이 다르지만(있다는 '야우', 없다는 '모우') 한국 한자음에서는 두 글자 모두 '유'로 똑같이 발음한다.

그런데 왜 '冇'를 '有'와 똑같은 '유'라고 했을까. 아마도 우리나라가 이 낯설고 생소한 한자를 차용하는 과정에서 마땅한 독음을 찾느라 신경을 많이 썼을 것인데, 그렇다고 없을 '무'라고 해버리면 '無' 자와 구분이 되지 않기 때문에 아예 '有' 자와 발음이 같은 없을 '유'라고 하게 된 것 같다.

'~이 있습니까?'라는 표현은 보통 '있다'라는 뜻의 '야우(有)'와 '없다'라는 뜻의 '모우(冇)'를 합해 '야우모우(有冇~?)'라고 한다. 직역하자면 '있습니까, 없습니까?'인데 이는 표준중국어의 '유메이유(有沒有~?)'의 형태와 흡사하다(표준중국어에서는 '메이유(沒有)'가 '없다'라는 뜻이다).

그런데 홍콩의 인터넷을 살펴보면 가끔은 '冇' 대신 '無'를 사용하기도 한다. '모우(冇)'와 '모우(無)'가 뜻도 같을뿐더러 발음도 '모우'로 서로 같기 때문이다. 그래서 '有冇(야우모우)~?' 대신 '有無(야우모우)~?'로 쓰기도 한다.

있을 '有'에 두 획을 생략하여 없을 '冇'를 만들어낸 광동사람들. 그들의 발상이 상당히 기발하다는 생각이 든다.

4) 예쁘다(靚)

靚

요즘은 여자는 물론이고 남자도 예뻐야 하는 세상이다. 오죽하면 꽃미남이나 꽃남 같은 단어들이 생겨났을까. 드라마에서도 꽃남

들이 등장해서 여자들의 정신을 쏙 빼놓다 보니, 최근에는 남자들이 여자들보다 더 꽃단장하기에 바쁘다. 특히나 젊은 청년들은 더하다. 물론 이런 데 아예 신경 안 쓰고 사는 소신 있는 남자들도 많지만.

광동어에서 '렝(靚)'은 '예쁘다'라는 뜻이다. 한국에서는 남자한테 예쁘다는 말은 거의 사용하지 않지만(예쁜 남자라고 하면 느낌이 조금 묘해진다) 광동어에서는 남자들에게도 이 '렝(靚)' 자를 사용한다.

예를 들면 '렝자이(靚仔, 예쁘장한 남자아이나 젊은이)'처럼 사용하는데, 이밖에 '렝(靚)'은 여자들에게 사용하기도 하고 예쁜 물건 등에 사용하기도 한다.

예를 들어 '렝노위(靚女, 예쁜 여자)'나 '렝쌈(靚衫, 예쁜 옷)', 혹은 '호우 렝 게 퐁 겡(好靚嘅風景, 아주 아름다운 풍경)'처럼 사용되고 있다.

5) 왜소하다, 수입 등이 적다(奀)

이 글자는 글자 모양을 보면 바로 답이 나온다. '아닐 불(不)'에 '클 대(大)', 즉 '크지 않다'라는 뜻인데, 몸이 여위고 작은 모습을 나타내거나 수입 등이 적음을 나타낸다. 이 '奀'은 광동어로 '안'이라고 읽는다.

한자 자전을 찾아보면 이 글자는 핏기가 전혀 없는 '파리하다'는 뜻으로 나와 있지만(발음은 '망'), 광동어에서는 '몸집이 작거나 수입이 적다'는 뜻으로 쓰인다.

예를 들면 몸집이 작은 경우는 '안자이(奀仔, 왜소한 젊은이)'나

'안무이(妟妹, 왜소한 여자아이)'처럼 쓰이고, 수입 등이 적음을 나타낼 때는 '잔 딱 호우 안(賺得好妟, 너무 조금 벌었어)' 혹은 '얀 꽁 호우 안(人工好妟, 임금이 너무 적어)'처럼 쓰인다. 이러한 예들은 모두 크지 않거나 많지 않음을 나타낸다.

6) 피곤하다(癐)

癐

현대인들은 대부분 만성피로에 시달리며 살고 있는데 항상 눈이 피로하고 집중력도 떨어지며 쉬어도 쉰 것 같지 않고 계속 피곤하기만 하다.

병질 엄(疒)部에 모일 회(會) 자를 쓰는 '癐(괴, 광동어 발음은 구이)'는 광동어에서 '피곤하다'라는 뜻으로 쓰인다.

병질 엄(疒)部를 쓰는 글자들은 대부분 질병을 나타낸다. 우리가 잘 알고 있는 '병 질(疾)'자나 '병 병(病)'자도 모두 이 부수를 사용하고 있다.

이 병질 엄(疒)部는 침상(爿)과 사람(人)의 모습을 본뜬 것으로, 사람이 병이 들어 침대에 기대고 있는 모양과 비슷하다고 하여 질병이라는 뜻으로 쓰이게 되었다.

한자 자전에서 '癐'는 병세가 심하다는 뜻으로 나와 있지만, 광동어에서는 단순히 '피곤하다'라는 뜻으로 쓰인다.

예를 들면 '구이 도우 쎄이(癐到死, 피곤해 죽겠다)' 또는 '구이 자우 야우 쎅 라(癐就休息啦, 피곤하면 쉬어)'처럼 쓰인다.

7) 잠자다(瞓)

瞓

　　피곤할 때는 역시 잠자는 게 최고다. 많은 한국 사람들이 만성 수면부족에 시달리고 있으며 최근에는 수면장애까지 겪고 있다고 한다. 하루만 잠을 안 자도 만취상태와 맞먹을 정도로 몸이 무력해지고, 계속 잠을 자지 못하면 결국에는 죽는다고 하니 잠을 잘 자는 것이 얼마나 중요한 것인지 짐작이 간다.

　　그러면 광동어로 잠자다는 뭐라고 할까. '판'이라고 하는데, 글자는 눈 목(目) 部에 가르칠 훈(訓) 자가 합해진 '瞓'이라는 글자를 쓴다.('판'에서의 'ㅍ'은 'f'발음'이다).

　　눈을 감고 무의식 상태에서 쉬는 것이 잠이기 때문에 눈과 관계되는 부수인 눈 목(目) 部를 사용하여 잠자다는 뜻의 글자를 만들게 되었다.

　　이 글자는 '판안가우(瞓晏覺, 낮잠을 자다)' 혹은 '판음쩩(瞓唔着, 잠이 오지 않는다)'처럼 쓴다.

8) 찾다(搵)

搵

　　'찾다'라는 뜻의 '搵(완)'은 글자에서 보면 알 수 있듯이 재방변(扌) 部를 부수로 사용한다. 이 '扌'는 손(手)을 나타내는 것으로 부수로 사용될 때는 글자모양이 바뀌어 '手'가 아닌 '扌'가 된다.

이 재방변(扌) 部는 대부분 손으로 행하는 동작을 나타낼 때 사용하는데, '찾다'라는 동작 역시 손으로 여기저기를 뒤지거나 살피는 것을 나타내는 것이기 때문에 손을 뜻하는 재방변(扌) 部를 사용하게 되었다.

표준중국어에서는 '찾다'라는 뜻으로 '자오(找)'를 사용하지만 광동어에서는 '완(揾)'을 사용한다. 두 글자가 모양과 발음은 다르지만 재방변(扌) 部를 사용하는 점은 일치한다.

광동어에서 이 '완(揾)'은 '완얀(揾人, 사람을 찾다)'이나 '완맛예(揾乜嘢, 뭘 찾고 있니)?'처럼 쓰이고 있다.

9) 암컷(乸)

乸

어조사 야(也) 자 위에 어머니 모(母) 자가 얹혀 있는 것 같이 생긴 글자. 이 글자는 광동어에서 '암컷'이라는 뜻으로 쓰인다.

생물학적으로 새끼를 배는 쪽을 암컷, 그렇지 않은 쪽은 수컷이라고 하는데, 어머니 모(母) 자를 통해서 이 글자가 암컷임을 유추해 낼 수 있다.

이 글자는 암컷뿐 아니라 어머니 혹은 나이 많은 여자라는 뜻도 있지만, 대부분은 암컷이라는 뜻으로 쓰인다. 예를 들면 '쮜나(猪乸, 암퇘지)', '가우나(狗乸, 암캐)', '까이나(雞乸, 암탉)'가 있다.

이와는 다르게 표준중국어에서는 암컷을 '어머니 모(母)' 자를 사용하여 '무주(母猪, 암퇘지)', '무거우(母狗, 암캐)', '무지(母雞, 암탉)'라고 한다.

여기서 한 가지 주의할 점은 한국어나 표준중국어는 꾸며주는 말이 꾸밈을 받는 말 앞에 오지만(암+돼지, 암+개, 암+닭), 광동어는 이와 반대로 꾸밈을 받는 말이 꾸며주는 말 앞에 오게 된다. 즉 돼지(猪)+암(乸), 개(狗)+암(乸), 닭(雞)+암(乸)처럼 쓴다.

10) 바퀴벌레(甴曱)

광동어에 쓰이는 글자들 중에 특이한 글자를 하나 고르라고 하면 이 바퀴벌레를 뜻하는 '갓잣(甴曱)'을 빼놓을 수 없을 것이다.

갑옷 갑(甲) 자에서 윗부분의 획 하나가 없는 글자, 그리고 말미암을 유(由) 자에서 아랫부분의 획 하나가 없는 글자. 광동어에서 이 두 글자는 서로 따로따로 한 글자씩 쓰지 않고 항상 이렇게 두 글자를 나란히 같이 붙여 쓴다.

한국에 살고 있는 바퀴벌레는 상당히 작은 편에 속하지만, 홍콩이나 대만 같은 아열대 기후의 바퀴벌레는 크기가 거의 매미만하다. 게다가 날개를 펴고 날아다니기도 한다. 어두운 밤거리를 걸을 때 가끔 눈앞으로 커피색의 무언가가 파닥거리면서 날아가고는 하는데(밝은 곳에서는 거의 볼 수 없다) 그게 바로 바퀴벌레다. 사람 다니는 인도에 기어 다니기도 해서 가끔 신경 안 쓰고 걷다 보면 발에 밟히기도 한다. 만약 발밑에서 무언가 가볍게 바스러지는 느낌이 나면 바퀴벌레를 밟은 거다. 으~악. 어두울 때는 바닥 색깔과 바퀴벌레 색깔이 구분이 안 되는 데다가, 길을 갈 때 바닥만 쳐다보고 가는 것이 아니기 때문에 이러한 현상이 종종 발생한다.

왜 하필 이 갑(甲) 자와 유(由) 자를 변형시켜 바퀴벌레라는 글자를 만들어 냈을까. 글쎄 어떻게 보면 '甲' 자는 바퀴벌레가 날개를 펴고 날아다니는 모습과 비슷하고, '由' 자는 바퀴벌레가 기어가는 모습과 비슷하다. 광동사람들이 나와 비슷한 생각으로 이러한 글자를 만들어 냈을까.

11) 모두(冚唪呤)

冚唪呤

어느 외국어든지 처음 배울 무렵에는 뇌리에 깊이 박혀 계속 머릿속에 맴도는 발음이 있다. 너무나 독특한 발음이던지 아니면 특별히 듣기 좋은 발음이던지. 이러한 경험이 있는 사람들은 그 발음의 강한 매력에 이끌려 해당 외국어를 더욱 더 열심히 공부하기도 한다.

광동어를 처음 접하던 시기(광동어 테잎을 열심히 들어가며 '한어방언학' 리포트를 작성하던 그 무렵), 어느 순간 오묘하고도 귀에 착 달라붙는 발음을 듣게 되었다.

'함발랑'… 이 함발랑은 '冚唪呤'이라는 글자의 발음으로(글자 모양도 상당히 특이하다) '모두', '전부'라는 뜻이다. 원래 이 글자는 '함방랑'이라고 읽는데 빨리 읽다 보면 '함방랑'이 아닌 '함발랑'이 되어 버린다.

발음에 'ㅇ, ㅁ, ㄹ, ㄴ'과 같은 음이 많이 들어 있으면 상당히 부드러운 느낌을 주게 되는데, 이 '함발랑' 역시 이러한 음들이 많이 들어 있어 더욱 부드럽고 경쾌한 느낌을 준다.
　　'모두'라는 뜻을 가진 단어에 '췬보우(全部)'도 있지만, '췬보우'는 글말에 많이 쓰이고 '함방랑'은 입말에 많이 쓰인다.

03 한자 본래의 뜻과 다른 글자

1) 점 → 어떻게(點)

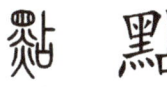

點 해서

점(點)은 작고 둥글게 찍은 표를 나타내는 것으로, 검을 흑(黑) 자와 점령할 점(占) 자가 합해져 만들어진 것이다. 즉 특정한 장소를 차지하고 있는 작고 검은 것이 점(點)인데, 문장의 부호로 사용된 작은 표 또는 사람의 살갗 등에 나타난 검은 얼룩 등을 가리킨다.

그런데 광동어에서 이 '딤(點)'은 표나 얼룩이 아닌 '어떻게'라는 뜻으로 쓰인다. 예를 들면 '찜싸조위 딤 호위 아(尖沙咀點去啊?, 침사추이는 어떻게 가나요?)' 또는 '니 고 찌 딤 쎄 아(呢個字點寫啊?, 이 글자 어떻게 써요?)'처럼 쓰인다.

이밖에 '딤(點)'은 다른 글자와 결합해 의문사를 만들기도 하는데, '딤가이(點解?, 왜?)', '딤쒼(點算?, 어떡해?)', '딤옝(點樣, 어때?)'과 같이 쓰인다.

그러면 '딤찌(點知)'는 무슨 뜻일까. 글자 그대로 해석하면 되는데, '딤(點)'은 '어떻게'이고 '찌(知)'는 '알다'이므로 '(그걸) 어떻게 알아?'가 된다. 그렇다면 '딤음찌(點唔知)'는 무슨 뜻일까. '찌(知)'가 '알다'이고 '음(唔)'은 부정하는 말이므로, '음찌(唔知)'는 당연히 '모르다'가 되어야 하고 '딤음찌(點唔知)'는 '(그걸) 어떻게 몰라?'가 되어야 한다. 그런데 이와는 정반대로 '(그걸) 어떻게 알아?'가 된다. 즉 '딤찌(點知)'나 '딤음찌(點唔知)'나 모두 다 '(그걸) 어떻게 알아?'의 뜻으로 쓰인다. 서로 상반되어 보이는 두 표현이 모두 똑같은 뜻으로 쓰이는 것이다.

예를 들어 보자. '오 딤 찌 코위 음 호위(我點知佢唔去?)'는 '그 사람이 안 가는 걸 내가 어떻게 알아?'인데 '딤찌(點知)'가 아닌 '딤음찌(點唔知)'를 사용한 '오 딤 음 찌 코위 음 호위(我點唔知佢唔去?)' 역시 '그 사람이 안 가는 걸 내가 어떻게 몰라?'가 아닌 '그 사람이 안 가는 걸 내가 어떻게 알아?'가 된다.

2) 가장자리 → 어느(邊)

금문　　해서

책받침(辶)部와 보이지 않을 면(臱)자가 결합된 가장자리 변(邊)자는 둘레나 끝에 해당되는 부분을 가리킨다. 보이지 않을 면(臱)자는 코의 양 옆이라는 뜻으로 중심에서 벗어난 부분, 즉 가장자리를 나타낸다.

그런데 가장자리를 나타내는 이 변(邊) 자가 광동어에서는 가장자리가 아닌 '어느'라는 뜻으로 쓰이는데, 다른 글자들과 결합하여 의문사로 사용된다. '邊'의 광동어 발음은 '삔'이다.

예를 들면 '삔고(邊個, 누구)', '삔와이(邊位, 어느 분)', '삔띠(邊啲, 어떤 것들)', '삔쒸(邊處, 어느 곳)', '삔도우(邊度, 어느 곳)', '삔옝(邊樣, 어떤 종류, 어떤 것)'과 같이 쓰인다.

'삔고(邊個)'는 '어느'라는 뜻의 '삔(邊)'과 낱개를 뜻하는 '고(個)'가 합쳐진 것으로 '누구'라는 뜻이다(누구라는 뜻을 가진 단어에 '맛쏘위(乜誰)'도 있다 - '모양이 특이한 글자'의 '乜'부분 참고). '삔와이(邊位)'는 '어느 분'이라는 뜻으로 '누구(邊個, 삔고)'를 높여서 부르는 말이다. 광동어도 표준중국어와 마찬가지로 존댓말이 없지만, 이렇게 특정한 단어를 사용하여 존칭을 나타내기도 한다.

'삔쒸(邊處)'와 '삔도우(邊度)'는 모두 '어디, 어느 곳'이라는 뜻이다. 또한 '삔옝(邊樣)'에서의 '옝(樣)'은 모양이 아닌 종류를 나타낸다.

3) 다리 → 방법(橋)

소전   해서

다리 교(橋) 자는 나무 목(木) 部에 높을 교(喬) 자가 결합된 글자로, 교(喬)는 꼭대기에 장식물이 달려 있는 높은 건축물의 형상을 본뜬 것이다. 즉 '다리' 교(橋) 자는 장식물이 달려 있는(喬) 나무(木)로 만든 시설물을 말하는데, 수면 위에 높게 세운 아치형의 건축물을 이르는 말이다.

그런데 광동어에서 이 글자는 다리뿐 아니라 '방법'이라는 뜻으로도 사용된다. 예를 들면 '야우 맛 키우 아(有乜橋啊?, 무슨 방법이 있어)?' 혹은 '남키우(諗橋, 방법을 생각하다)'처럼 쓰인다. '橋'는 광동어로 '키우'라고 읽는다.

4) 소리 지르다 → 울다(喊)

소전　　해서

입 구(口) 部와 모두 함(咸) 자가 결합한 喊(함)은 소리 지르다, 고함치다라는 뜻이다. 또한 모두 함(咸) 자는 도끼 월(戉) 자와 입 구(口) 部가 결합된 것으로, 큰 날이 있는 도끼의 위압 앞에서 입으로 있는 힘껏 소리를 내지르는 모양을 나타낸다. 이렇게 온 힘을 다해 힘껏 소리를 지르는 형상에서 모두라는 뜻이 생겨나게 되었다.

함(喊)은 목소리를 한껏 낸다는 뜻의 함(咸)에 입 구(口)가 더해져 '소리치다'의 뜻을 지니게 되었다. 한국어에서의 고함(高喊)이나 함성(喊聲) 모두 이 글자를 사용한다.

그런데 광동어에서는 대부분 소리치다가 아닌 '울다'라는 뜻으로 쓰인다. 예를 들어 '음 호우 함 라(唔好喊啦!, 울지 마!)'처럼 쓰이기도 하고 '야우 함 야우 씨우(又喊又笑, 울다가 웃다가)'처럼 쓰이기도 한다. '음 호우 함 라(唔好喊啦!)'는 '소리 지르지 마'가 아닌 '울지 마'라는 뜻이고, '야우 함 야우 씨우(又喊又笑)'는 '소리 지르기도 하고 웃기도 하고'가 아닌 '울기도 하고 웃기도 하고' 즉 '울다가 웃다가'라는 뜻이다.

5) 희롱하다 → 화내다(嬲)

소전　　해서

　　　　남성과 여성 그리고 또 다른 남성이 결합된 글자, 여성의 좌우에 각각 한 명씩 두 명의 남성이 따라붙는 형상의 이 글자는 '희롱할 뇨' 자이다. 글자 모양에서 알 수 있듯이, 두 남성이 가운데의 여성을 희롱하는 모습을 본뜬 것이다.
　　　　이와는 반대로 남성 양쪽으로 두 여성이 위치하고 있는 '嫐' 역시 '희롱하다'는 뜻이다. 독음은 '嬲'와 마찬가지로 '뇨'라고 읽는다.
　　　　뜻과 음은 똑같지만 좌우에 남성이 위치하느냐 아니면 여성이 위치하느냐에 따라 글자가 주는 느낌은 완전히 달라진다. '嬲'은 두 남성이 여성을, '嫐'은 두 여성이 남성을 희롱하는 형상이다.
　　　　요즘은 성희롱이라는 말을 심심찮게 듣게 되는데, 남성이 여성을 희롱하여 문제가 되는 경우가 대부분이지만, 직장 내 여상사가 남자 부하직원을 희롱하여 문제가 되는 경우도 가끔 들려온다.
　　　　남성위주의 봉건주의 사회에서 이러한 '嫐'라는 글자를 만들어낸 것이 정말 신기하다. 당시에도 이 글자 모양처럼 여성이 남성을 희롱하는 경우가 있었을까. 그런데 어떻게 보면 두 여성이 가운데 있는 남성을 희롱하는 것이 아니라, 가운데에 있는 남성이 두 여성을 희롱하는 것처럼 보이기도 한다. 요즘의 시각으로 본다면 '양다리 걸치기'라고 해야 할까?

어쨌든 이 두 글자는 모두 희롱하다는 뜻을 지니고 있는데, 광동어에서는 희롱과는 상관없는 '화내다'라는 뜻으로 쓰인다. 그런데 두 글자를 모두 사용하는 것이 아니라 여성 좌우로 남성이 배치된 '嬲' 만 사용한다. 이 글자는 광동어로 '나우'라고 읽는다.

예를 들면 '나우쩨이(嬲死, 화나 죽겠다)', '오 호우 나우 네이(我好 嬲你, 나 너한테 아주 화났어)' 혹은 '음 호우 나우 오(唔好嬲我, 나한테 화 내지마)' 처럼 쓴다.

6) 매다, 연계하다 → ～이다(係)

소전　　해서

'계(係)'는 사람 인(亻)部와 실 계(系)자가 결합된 글자로 '매다' 라는 뜻으로 쓰인다. '실 계(系)'자는 '실'이라는 뜻 이외에 '係'처럼 '매다'라는 뜻도 있는데, 이 글자가 본래 이어져 있는 실을 손으로 거는 모양을 본뜬 것이라 하여, '실'뿐만 아니라 '걸다, 잇다, 매다'라는 뜻도 나타내게 되었다.

'맬 계(係)' 자는 사람 인(亻)部와 '매다'라는 뜻의 계(系)자가 합해져서 '사람과 사람을 잇다, 연계하다'라는 뜻으로 쓰이고 있다.

그렇지만 광동어에서 이 '하이(係)'는 '매다'라는 동사로 쓰이기보다는 대부분 주어의 속성이나 상태를 알려주는 서술어 '～이다'로 많이 쓰이는데, 예를 들면 '오 하이 혼 궉 얀(我係韓國人, 저는 한국사람이에

요)', '코위 하이 혹 쌍(佢係學生, 그 사람 학생이에요)', '네이 하이 삔 와이(你係邊位?, 당신은 누구십니까?)'처럼 쓰인다.

7) 참다 → 오랫동안(耐)

소전　해서

'인내(忍耐)는 쓰고 열매는 달다', '참을 인(忍)자 셋이면 살인도 피한다', '참는 자에게 복이 있다', '참는 것이 덕이 된다'… 힘들더라도 참고 견디며 어떠한 경우라도 끝까지 참고 견디라는 이 글귀들을 어렸을 적부터 참 많이도 들어왔다.

그런데 과연 이렇게 살고 있나 생각해보면 그다지 할 말이 없다. 그 짧은 순간을 못 견디고 화를 내기도 하고, 참기는 참지만 참는 그 순간이 굉장히 고통스러우니 말이다.

우리가 잘 알고 있는 '인내(忍耐)'에서의 '내(耐)'는 '참다, 견디다'라는 뜻이다. 그런데 광동어에서 이 글자는 대부분 '오랫동안'이라는 뜻으로 쓰인다. 발음은 '노이'이다.

예를 들면 '호우 노이 모우 긴(好耐冇見, 오랜만이에요)'이나 '얏 닌 감 노이(一年咁耐, 일 년이 그렇게 길어)'처럼 쓰인다.

그렇다면 이 '노이(耐)'가 두 번 겹친 '노이노이(耐耐)'는 어떤 뜻일까. 오랫동안이 두 번 겹쳤으니 아주 오랫동안일까. 오히려 답은 오랫동안과는 상관없는 '가끔'이다.

그럼 '노이노이(耐耐)' 가운데 '음(唔)'이 들어간 '노이음노이(耐唔

耐)'는 무슨 뜻일까. 이 역시 '노이노이(耐耐)'와 같은 '가끔'이라는 뜻이다. '노이노이(耐耐)'와 '노이음노이(耐唔耐)'는 '음(唔)'과는 상관없이 모두 '가끔'이라는 뜻으로 쓰인다(앞에서 살펴본 '딤찌(點知)'와 '딤음찌(點唔知)'도 모두 '唔'과는 상관없이 '어떻게 알아?'라는 똑같은 뜻으로 쓰였다).

8) 귀신 → 누구(막연한 사람), 서양사람, 엄청나게(鬼)

소전   해서

　　　　요즘은 '전설의 고향'이 납량특집 기획 시리즈물로 여름에만 방송되지만, 80년대에는 매 주 방송이 됐었다(매주 일요일이었던 것 같다).
　　　　다리가 잘린 시체가 갑자기 벌떡 일어나 한 발로 뛰면서 "내 다리 내 놔"라며 계속 쫓아오기도 했고, 하얀 소복에 머리를 길게 풀어헤친 처녀귀신이 억울함을 풀어달라며 부임해온 사또들을 계속 기절시키기도 했다. TV를 볼 때마다 자지러지게 놀라면서도 중독성이 강한 이 프로를 안 보고 지나갈 수가 없었다.
　　　　전설의 고향에 한 번도 빠짐없이 등장하던 귀신은 한자로 '鬼(귀)'라고 쓰는데, 원래 이 글자는 얼굴에 큰 가면을 쓰고 있는 사람 혹은 무시무시한 머리를 한 사람의 모습을 본뜬 것으로 죽은 사람의 혼을 나타낸다.
　　　　우리가 일반적으로 귀신이라고 알고 있는 이 글자는 광동어에서는 막연한 사람을 가리키기도 하고 서양 사람을 지칭하기도 한다. 또한 정도가 아주 심함을 나타내기도 하고 무언가 불만스러운 느낌을 나타내기도 한다.

예를 들어 특정한 사람이 아닌 막연한 사람을 가리킬 때에는 '꽈이 레이 코위(鬼理佢, 누가 그 사람을 상대하겠어)' 혹은 '꽈이 또우 파(鬼都怕, 누구라도 다 무서워하지)'처럼 쓰인다.

'꽈이(鬼)'는 또한 서양 사람을 비하하는 표현으로 많이 사용되는데 '꽈이 로우(鬼佬, 서양 남자)', '꽈이 자이(鬼仔, 서양 남자 아이)', '꽈이 포(鬼婆, 서양 여자)', '꽈이 무이(鬼妹, 서양 여자 아이-妹는 원래 여동생이라는 뜻이지만 광동어에는 어린 여자아이라는 뜻도 있다)'처럼 쓰인다.

이처럼 광동 사람들은 '꽈이(鬼)'를 남녀노소에 관계없이 서양 사람들에 빗대어 사용하고 있는데, 그 이유는 '홍모우타우(紅毛頭, 서양사람)'에서도 설명했듯이 아마도 자신들의 터전에 침략해 들어와 수시로 약탈을 일삼으며 끊임없이 괴롭혔던 서양 사람들을 적대시했기 때문일 것이다. 이러한 이유로 이들을 사람이 아닌 못된 귀신으로 취급했을 것이고, 이로 인해 '꽈이(鬼)'라는 글자를 사용하여 서양 사람들을 표현하게 된 것으로 보인다.

'꽈이(鬼)'는 '엄청나게'라는 뜻도 있는데 '쏘위 꽈이 감 잇(水鬼咁熱, 물이 엄청나게 뜨겁다)', '꽈이 감 다이(鬼咁大, 엄청나게 크다)'처럼 쓰인다. 이밖에 불만스러운 느낌으로 말할 때도 '꽈이(鬼)'를 사용하는데 '공 꽈이 메(講鬼咩?, 무슨 소리를 하는 거야?)' 또는 '종 토우 론 맛 꽈이 아(仲討論乜鬼啊?, 또 뭘 더 토론하려고?)'와 같이 쓰이기도 한다.

04 한국 한자와는 같지만 표준중국어와는 다른 글자

1) 먹다(食 – 吃)

우리가 잘 알고 있는 '먹다'라는 뜻의 글자 '食'. '먹을 식', 혹은 '밥 식'으로 쓰이는 이 글자는, 뚜껑이 있는 그릇에 담긴 음식의 모양에서 비롯되었다. 즉 위의 3획까지가 그릇의 뚜껑을 나타내고 가운데 부분은 음식을, 아래 부분은 그릇을 나타낸다. 이는 그릇에 담긴 음식의 모양을 본떠 만든 글자로 '음식'이 원래의 뜻이다.

갑골문 　 금문 　 소전 　 해서

우리말에 이 '食'자로 구성된 단어들이 많이 보이는데, 예를 들면 식사(食事), 식량(食糧), 식비(食費) 등이 여기에 해당한다.

광동어도 우리가 쓰는 한자와 마찬가지로 '먹다'라는 뜻을 나타낼 때에는 '쎅(食)'을 쓴다. 예를 들어 '쎅판(食飯, 밥을 먹다)', '쎅바우(食

飽, 배부르게 먹다)', '쎅역(食藥, 약을 먹다)'처럼 쓰는데, 표준중국어는 이와는 다르게 위의 세 가지 표현을 '食'이 아닌 '吃'를 사용하여 나타낸다.

소전 해서

즉 '밥을 먹다'는 '츠판(吃飯)'으로, '배부르게 먹다'는 '츠바오(吃飽)'로 '약을 먹다'는 '츠야오(吃藥)'로 쓴다.

2) 마시다(飮 – 喝)

밥 식(食) 部를 사용하는 글자들은 대부분 먹는 것과 관계가 있는데 '飯(밥 반)', '飽(배부를 포)', '飢(주릴 기)', '餐(먹을 찬)' 등의 글자들을 보면 이러한 상관관계를 잘 알 수 있다.

'마시다'라는 뜻의 '飮(음)' 역시 먹는 것과 관계가 있는데, 이는 물과 같은 액체를 입을 통해 몸속으로 들여보내는 것을 말한다.

'飮(음)'은 밥 식(食)과 하품 흠(欠)이 결합되어 만들어진 글자로, '밥 식(食)'은 뜻을 나타내고 '하품 흠(欠)'은 음을 나타낸다.

이렇게 '飮(음)'을 형성문자로 간주하기도 하지만 상형문자로 간주하기도 한다. 이 글자가 만들어지던 초기의 형태를 살펴보면 왼쪽 부분의 식(食)은 뚜껑이 있는 그릇에 담긴 음식의 모습이 아니라 술동이(酉)의 형상이었고, 오른쪽 부분의 흠(欠)은 입 벌리고 하품하는 사람의 모습이 아니라 술동이에 머리를 들이밀고 술을 마시고 있는 사람의 형상이었다(아래의 갑골문 형태를 참고할 것).

갑골문　금문　해서

　　이렇듯 술을 마시고 있는 사람의 형상을 본떠 글자를 만들게 되었는데 그것이 바로 이 '飮'이라는 글자다. 처음에는 술을 마시다는 뜻이었다가 후에 물이나 차 등의 액체를 마시다는 뜻으로 의미가 확장된 것으로 보인다.

　　광동어에서도 '마시다'라는 뜻을 나타낼 때에는 '飮(얌)'을 사용하는데 '얌자우(飮酒, 술을 마시다)'나 '얌쏘위(飮水, 물을 마시다)'처럼 쓰인다.

　　표준중국어에서는 광동어나 한국어에서 쓰이는 한자와는 전혀 다른 '喝(허)'를 사용하는데, '술을 마시다'는 '飮酒'가 아닌 '허주(喝酒)'로, '물을 마시다'는 '飮水'가 아닌 '허수이(喝水)'로 쓴다.

소전　해서

3) 걷다(行 - 走)

　　'다닐 행(行)' 자는 사람들이 지나다니는 '네거리'를 상형한 글자로, 후에 점차 '걷다', '다니다'라는 뜻이 생겨나게 되었다.

갑골문　　금문　　소전　　해서

우리말의 '행진(行進, 앞으로 걸어 나아감)', '행인(行人, 길 가는 사람)', '행보(行步, 걸음)' 등은 모두 걷는 것과 관계가 있는 말들이다. '行'은 글자 자체가 부수로 쓰이기도 하는데, 이렇게 부수로 쓰일 때는 '다닐 행 部'라고 한다.

광동어에서도 '걷다'라는 뜻을 표현할 때에는 우리와 마찬가지로 '行'을 쓴다. 그러나 발음은 우리와는 다른 '항'이다(참고로 '行'은 우리말에서 두 가지 발음으로 읽힌다. '행'과 '항'인데 '걷다'를 나타낼 때는 '행'으로 읽고, '줄, 대열'을 나타낼 때는 '항'으로 읽는다. 광동어도 우리와 마찬가지로 발음을 구분해서 읽고 있는데, '걷다'일 때에는 '항'으로, '줄, 대열'일 때에는 '홍'으로 읽는다). 예를 들면 '항로우(行路, 길을 걷다)', '항까이(行街, 거리를 거닐다, 거리를 구경하다)'처럼 쓴다.

그런데 표준중국어에서는 '걷다'를 '行'이 아닌 '走(조우)'로 쓴다. 우리가 쓰는 한자에서 '走'는 '달리다'는 뜻인데, 표준중국어에서는 '달리다'가 아닌 '걷다'의 뜻이다. 예를 들면 '조우루(走路, 걷다)', '조우다오(走道, 사람이 걸어 다닐 수 있도록 만든 길)'처럼 쓴다.

4) 달리다(走 – 跑)

'달리다'는 뜻의 '주(走)' 자는 '팔을 앞뒤로 흔들며 달리고 있는 사람'의 상형인 요(夭) 자와 '발바닥'의 상형인 지(止) 자가 결합되어 만들어진 글자이다(아래의 금문과 소전을 참고할 것).

갑골문 금문 소전 해서

우리말에 '분주(奔走, 몹시 바쁘게 뛰어다님)', '질주(疾走, 빨리 달림)',

'폭주(暴走, 매우 빠른 속도로 난폭하게 달림)'가 있는데 여기에서 '走'는 모두 '달리다'는 뜻으로 쓰인 것이다.

'주(走)'도 '행(行)'처럼 글자 자체가 부수로 쓰이는데, 이럴 때에는 '달릴 주 部'라고 하지 않고 '달아날 주 部'라고 한다.

광동어에서도 '달리다'는 '자우(走)'를 쓰는데 '자우뎍(走趯, 분주하게 뛰어 다니다-여기에서의 '趯'은 '뛰다'라는 뜻이다)'이나 '음 싸이 자우(唔使走, 뛸 필요 없어, 뛰지 않아도 돼)'처럼 쓴다.

표준중국어에서 '걷다'라는 뜻의 '조우루(走路)'는 광동어에서는 '달아나다, 도망가다'의 뜻으로 쓰인다(발음은 '자우로우'). 표준중국어에서는 '走'가 '걷다'이지만, 우리가 쓰는 한자나 광동어에서는 '走'가 '걷다'가 아닌 '달리다'의 뜻이다. 즉 똑같은 글자이지만 표준중국어에서의 쓰임과 광동어에서의 쓰임은 완전히 다르다.

표준중국어에서 '달리다'는 '파오(跑)'를 쓰는데, '파오부(跑步, 달리다, 구보하다)' 혹은 '번파오(奔跑, 빨리 달리다, 분주하게 다니다)'처럼 쓴다.

소전　　해서

5) 입다(着 – 穿)

소전　　해서

'착(着)'은 '저(著)'의 속자(俗字)로 '입다', '신다', '붙다', '도착하다' 등의 여러 가지 뜻이 있다. 우리말에 '착복(着服)'이라는 말이 있는데 이는 '옷을 입다'라는 뜻이다. 여기에서 '착복식(着服式)'이라는 말이 생겨나게 되었는데, 새 옷을 입은 사람이 주위 사람에게 한턱내는 일을 말한다(착복이 '옷을 입다'라는 뜻 이외에 '남의 금품을 부당하게 자신의 것으로 하다'라는 뜻도 있다).

광동어에서도 '着(쩩)'이 우리말과 마찬가지로 '옷을 입다'는 뜻으로 쓰이는데, '옷을 입다'뿐 아니라 '신을 신다'로도 쓰인다. 예를 들면 '쩩쌈(着衫, 옷을 입다)', '쩩쫏쌈(着袖衫, 셔츠를 입다)', '쩩푸(着褲, 바지를 입다)', '쩩하이(着鞋, 신을 신다)'처럼 쓰인다.

그렇지만 표준중국어에서 '입다'는 '着'이 아닌 '촨(穿)'을 쓴다. 예를 들어 '옷을 입다'는 '촨이푸(穿衣服)'로, '셔츠를 입다'는 '촨천산(穿襯衫)'으로, '바지를 입다'는 '촨쿠쯔(穿褲子)'로, '신을 신다'는 '촨셰쯔(穿鞋子)'로 쓴다.

소전　해서

6) 날(日 - 天)

태양의 모양을 본뜬 글자인 '日'은 하늘에 떠 있는 해를 나타낸다. 천자문(千字文)을 외울 때 '하늘 천, 따 지, 검을 현, 누르 황, …… 날 일, 달 월, 찰 영, 기울 측'이라고 하는데, 이때의 날 일(日) 역시 '해'를 가리키는 말이다.

그런데 이 글자는 해뿐만 아니라 '날'을 나타내기도 한다. 우리말에 매일(每日, 날마다)이나 금일(今日, 오늘)과 같은 말이 있는데, 여기에서의 '일'은 모두 '날'을 뜻하는 것이다.

광동어도 우리와 마찬가지로 '日(얏)'으로 '날'을 표현하는데, '날마다'는 '무이얏(每日)', '오늘'은 '깜얏(今日)'이라고 한다. '날마다'와 '오늘'을 나타내는 글자가 우리말에서 사용하는 한자와 일치한다.

표준중국어는 이와는 다르게 '날'을 나타낼 때 '톈(天)'을 사용하는데, '날마다'는 '메이톈(每天)', '오늘'은 '진톈(今天)'이라고 한다.

천자문의 맨 처음에 나오는 글자인 '천(天)'은 우리말에서는 '하늘'이라는 뜻으로 쓰이지만, 표준중국어에서는 대부분 '날'이라는 뜻으로 쓰인다.

7) 집(屋 – 房)

80년대만 하더라도 한옥(韓屋)집이나 양옥(洋屋)집 같은 말을 많이 들을 수 있었지만, 요즘은 양옥이라는 말은 거의 들을 수 없게 되었다. 하지만 우리의 것을 되찾자는 움직임이 일어나면서부터 한옥집이나 한옥마을이라는 말은 종종 들을 수 있게 되었다.

양옥(洋屋)은 서양식(洋)으로 지은 집(屋)을 말하고, 한옥(韓屋)은 우리나라 고유의 건축양식(韓)으로 지은 집(屋)을 말한다. 여기에서 알 수 있듯이 우리는 집을 말할 때 '옥(屋)'이라는 글자를 써서 '~옥'이라고 한다(한옥, 양옥, 가옥 등).

소전   해서

광동어 역시 집을 말할 때는 '屋'이라고 하는데(발음은 우리와 같은 '옥'이지만, 높은 음에서 짧고 빨리 닫는 높은음 입성으로 발음하여야 한다), 예를 들면 '깟옥(吉屋, 빈집-제2장의 '불길한 뜻을 가진 글자와 똑같은 발음의 글자는 쓰지 않는 다부분의 '빈집'을 참고할 것)', '옥쥐(屋主, 집 주인)'처럼 쓴다.

표준중국어에서는 집을 '屋'이 아닌 '房'을 쓰는데 '빈집'은 '콩팡쯔(空房子)', '집 주인'은 '팡둥(房東)'이라고 한다.

8) 방(房 – 屋)

'방'은 위에서 말한 '집'과는 반대로, 우리말이나 광동어에서는 '房'이라고 하고 표준중국어에서는 '屋'라고 한다.

우리말을 예로 들어보면 '방'은 '독방(獨房, 혼자서 쓰는 방)'이나 '냉방(冷房, 불을 피우지 않아 차디찬 방)'처럼 '房'을 쓴다. 광동어도 우리말과 마찬가지로 '房(퐁)'을 쓰는데, 예를 들면 '쏘위퐁(睡房, 침실)', '총뢩퐁(沖涼房, 욕실)'과 같이 쓴다.

소전   해서

표준중국어는 이와는 달리 '우(屋)'가 '방'을 나타내는데, '우쯔

(屋子, 방)'나 '리우(里屋, 구석방)'처럼 쓴다.

위에서 알 수 있듯이 우리말이나 광동어에서 '집'은 '屋'으로, '방'은 '房'으로 쓰지만, 표준중국어는 이와는 반대로 집은 '房', 방은 '屋'으로 쓴다.

참고서목

김언종, 『한자의 뿌리 1, 2』, 서울, 문학동네, 2002. 1.

魯寶元 著, 박영종·엄귀덕 譯, 『중국문화에 담긴 중국어 이야기』, 서울, 다락원, 2002. 10.

麥耘, 「廣州方言文化詞兩則」, 『中國方言學報』, 北京, 常務印書館, 81-86, 2006. 10.

麥耘, 譚步云 編著, 『實用廣州話分類詞典』, 廣東, 廣東人民出版社, 1997. 8.

民衆書林編輯局, 『漢韓大字典』, 파주, 민중서림, 2007. 1.

吳正一, 「英語中的廣州方言」, 『語言文字學』, 80, 1980年 5期.

李新魁, 『廣東的方言』, 廣東, 廣東人民出版社, 1994. 10.

李新魁, 黃家教, 施其生, 麥耘, 陳定方, 『廣州方言研究』, 廣東, 廣東人民出版社, 1995. 6.

李榮 主編, 白宛如 編纂, 『廣州方言詞典』, 南京, 江蘇教育出版社, 2000. 11.

饒秉才, 歐陽覺亞, 周無忌 編著, 『廣州話詞典』, 廣東, 廣東人民出版社, 1997. 10.

(淸)張廷玉, 『明史』, 北京, 中華書局, 1997. 9

趙恩挺, 「近百年 廣州語 正反疑問文의 變化樣相-J. Dyer Ball의 敎科書를 중심으로」, 『中國文學硏究』 第27輯, 韓國中文學會, 359-381, 2003. 12

趙恩挺 「廣州語 수식구조의 語順 특성 연구」, 『中國文學硏究』 第32輯, 韓國中文學會, 445-477, 2006. 6.

趙恩挺, 「廣州語의 '乸'와 '公'에 관한 고찰」, 『中國言語硏究』 第28輯, 韓國中國言語學會, 283-304, 2009. 3.

鄭定歐, 張勵妍, 高石英 編者, 『粵語(香港話)敎程』, 香港, 三聯書店, 2005. 8.

陳伯煇 著, 『論粵方言詞本字考釋』, 香港, 中華書局, 2001. 9.

陳雄根, 何杏楓, 張錦少 著, 『追本窮源: 粵語詞彙趣談』, 香港, 三聯書店, 2006. 4.

曾子凡 編著, 黎倩健 英譯, 『廣州話/普通話口語詞對譯手冊』, 香港, 三聯書店, 2005. 2.

홍콩관광진흥청 한국사무소, 『홍콩요술램프』, 서울, 홍콩관광진흥청 한국사무소, 2005.

www.discoverhongkong.com/kor(홍콩 관광 진흥청)

http://hkg.mofat.go.kr/kor/as/hkg/main/index.jsp(주 홍콩 대한민국 총영사관)

http://www.korean.go.kr/09_new/dic/rule/rule_foreign_0105.jsp(국립국어원 중국어 외래어 표기법)

http://ko.wikipedia.org/wiki/%ED%99%8D%EC%BD%A9#.EC.A3.BC.EB.AF.BC_.2F_.EC.9D.B8.EA.B5.AC(위키백과-홍콩)

http://hk.yahoo.com

http://tw.yahoo.com

http://kr.yahoo.com

http://www.naver.com

http://www.daum.net

http://handic.daum.net/dicha/view_top.do

http://krdic.daum.net/dickr/view_top.do

http://hanja.naver.com

http://krdic.naver.com

사진 자료 출처

http://enc.daum.net/dic100/contents.do?query1=10XXX13747 (홍콩기(旗))
http://andyjin.com/43 (홍콩지도-좌)
http://blog.naver.com/lanlan312/150008356547 (홍콩지도-우)
http://www.qicaise.com/photo/9130.html (홍콩 야경)
http://www.flickr.com/photos/29595503@N06/3274178097 (토마토즙 쇠고기탕면-茄汁牛肉麵)
http://blog.naver.com/shaowei?Redirect=Log&logNo=150020889764 (케첩 뿌린 핫도그)
http://www.glulu.com/cate/messages.asp?articleid=458&dalei=2 (여지-상)
http://eladies.sina.com.cn/beauty/liangli/p/2009/0629/1128883127.shtml (여지-하)
http://www.flickr.com/photos/kewlio/211805910/ (딤섬-닭발찜)
http://807.tw.tranews.com/Show/Style3/News/c1_News.asp?SItemId=0271030&ProgramNo=A100117000001&SubjectNo=67843 (딤섬 수레)
http://kr.image.yahoo.com/GALLERY/read.html?img_filename=42e85a323b8b (태풍)
http://big5.wallcoo.com/photograph/ice/html/wallpaper3.html (얼음)
http://www.flickr.com/photos/cheaptrip2007-second02/940326652/ (쉿꼬우-雪糕專家)
http://www.flickr.com/photos/leekaman13/103366487/ (쉿티우-紅豆雪條)
http://cafe.naver.com/salsang/2808 (목욕하다)
http://www.flickr.com/photos/flickr_url/1151307898/ (연애하다)
http://v2.js.vnet.cn/ClipDetails.aspx?TypeId=1413&ClipId=151223 (지쏘-좌)
http://www.flickr.com/photos/87185886@N00/481180029/ (지쏘-우)
http://news.naver.com/main/read.nhn?mode=LSD&mid=sec&sid1=102&oid=081&aid=0000117204 (주장삼각주)
http://kr.blog.yahoo.com/ramanadass/6419.html (마더 테레사)
http://www.flickr.com/photos/38991751@N08/3643059778/ (호란다우)
http://www.bj114sgw.com/information_detail.asp?id=1439 (호란다우-여러 개)
http://www.flickr.com/photos/8763936@N08/3056233638 (호란다우 오징어볶음)

http://www.flickr.com/photos/ivan6383/2991976993/ (구운 소 혀)
http://www.chinacaipu.com/html/ab355068850f3911.html (돼지 간 요리)
http://www.flickr.com/photos/noshowerfamily/254051797/ (말린 두부 볶음)
http://www.zzsmsc.com/Article/Print.asp?ID=749 (돼지 피로 끓인 국)
http://www.flickr.com/photos/szznax/4412692046 (통쎙 표지)
http://www.flickr.com/photos/szznax/4411927659/ (통쎙 내용)
http://www.apptism.com/apps/tongshengcalendar (통쎙 글자)
http://www.flickr.com/photos/sumcollections/2500482972/ (빈집-吉屋藏嬌)
http://www.17u.net/news/newsinfo_204191.html (대나무 숲)
http://www.nanning.gov.cn/1894/2004_4_14/1894_19307_1081906029286.html (대나무 장대 춤)
http://bbs.weiphone.com/read-htm-tid-416259.html (롱맨-영한)
http://zh.wikipedia.org/zh/%E5%87%B1%E6%82%85%E9%85%92%E5%BA%97 (하얏트호텔)
http://seablue.egloos.com/3570116 (알프스의 소녀 하이디)
http://100.naver.com/100.nhn?docid=769649 (스위스 국기)
http://www.worldofkitsch.com/music/abba.html (아바)
http://100.naver.com/100.nhn?docid=769648 (스웨덴 국기)
http://newsplus.chosun.com/site/data/html_dir/2010/04/09/2010040901380.html (인어공주 동상)
http://100.naver.com/100.nhn?docid=769576 (덴마크 국기)
http://100.naver.com/100.nhn?docid=769710 (캐나다 국기)
http://www.guitarnet.co.kr/sub.php?goPage=board&boardid=brd_press&mode=view&no=15&start=0&search_str=&val= (기타)
http://www.bach-cantatas.com/Bio/Segovia-Andres-2.htm (안드레아 세고비아)
http://www.christianitydaily.com/view.htm?id=208594 (에릭 클랩튼)
http://www.betterimprovement.com/yellow-sectional-sofa/ (소파)
http://www.flickr.com/photos/goddora/3585295569/ (초코 선디)
http://taipeiwalker.pixnet.net/blog/post/25538993 (망고 선디)
http://www.koreaportal.com/local/17.php (할리우드)
http://ask.nate.com/qna/view.html?n=8746230 (짐캐리)
http://www.dcnews.in/etc_list.php?code=star&id=11885&curPage=&s_title=&s_body=&s_name=&s_que=&page=98 (짐캐리 수영복-좌)
http://www.ukopia.com/ukoHollywood/?page_code=read&sid=31&sub=3-15&review=&uid=122973 (짐캐리 수영복-우)

http://blog.hani.co.kr/blog_lib/contents_view.html?BLOG_ID=westmin&log_no=20162 (마이클잭슨-상)

http://hljxinwen.dbw.cn/system/2009/12/02/000183077.shtml (마이클잭슨 -하)

http://kr.blog.yahoo.com/kbjmyh/5516 (브레드)

http://honestnews.tistory.com/390 (돈 맥클린)

http://rockyoutillend.blogspot.com/2008/06/electric-light-orchestra.html (이엘오)

http://music.cyworld.com/artist.asp?aid=2001453 (엘튼존)

http://zh.wikipedia.org/zh/%E5%B0%8A%E5%B0%BC%E8%8E%B7%E5%8A%A0 (조니워커)

http://ask.nate.com/qna/view.html?n=6403736 (베컴)

http://kr.blog.yahoo.com/wjshasms014/2661 (베컴부부)

http://wellcook.co.kr/bbs/zboard.php?id=COMMUNITY_02&page=1&select_arrange=headnum&desc=asc&category=&sn=off&ss=on&sc=on&keyword=&sn1=&divpage=1 (쿠키)

http://blog.naver.com/ktup98657?Redirect=Log&logNo=110051615116 (과일젤리)

http://baezzie.com/tt/tag/%EB%94%B8%EA%B8%B0 (딸기)

http://www.flickr.com/photos/elliebella/4752934390/ (딸기잼)

http://www.flickr.com/photos/johncharlton/8200052/ (필름)

http://www.flickr.com/photos/visualparadigm/4103689023/ (카메라)

http://www.flickr.com/photos/djou/362370161/ (숫자)

http://movie.nate.com/comm/popcorndb/smalltalk/smalltalk?netbbs_id=54479&view_content=P&mode=detail&type=new&page=1&show=all (넘버3)

http://movie.nate.com/movie/movieinfo?cinema_id=36432&tab=article (넘버 23)

http://hk.myblog.yahoo.com/jw!K4UDlZibGR44zBhywOE-/article?mid=3189 (엘리자베스 여왕 우표)

http://sinzzang.tistory.com/tag/%EB%B0%94%EC%9D%B4%EC%98%AC%EB%A6%B0 (바이올린)

http://homework.kids.daum.net/contents/contents_grader_view.php?contentsNo=2091201t1849815&grade=3&semester=1&lessonCode=06&subcodeid=18761 (에드워드 엘가)

http://hi.baidu.com/%BA%E0%C0%FB%C0%CD%B0%A3%B5%C2/album/item/902fea09a5bbf82294ca6b36.html# (참치 회)

http://www.zdic.net (본문의 글자체)

이 외에 딤섬(닭발찜 제외), 필리핀 시장의 통조림, 필리핀 시장의 먹거리, 택시, 택시 정류장, 롱맨 로고, 왓슨스, 성룡 손도장, 장만옥 손도장, 할리우드거리 표지판, 성룡 사인, 미니 컵 젤리, 우표(홍콩특색거리)의 사진은 저자가 직접 촬영하거나 스캔한 것임.

찾아보기

ㄱ, ㅅ, ㅂ 받침 081, 082
ㄱ 021
ㄱ 받침 071, 082, 086
가끔 127, 128
가르칠 훈(訓) 116
가옥 137
가장자리 → 어느(邊) 122
가차(假借) 099, 100
간(肝→膶) 059
간호사(姑娘) 048
객가방언(客家方言) 020
거기 103
거리를 거닐다 133
걷다 085, 133, 134
걷다(行-走) 132
검을 여(黎) 103
검을 흑(黑) 121
경제특구 020
계집 녀(女)部 110
고양이 042
고함 124
골드러시 054, 055

공주와 완두콩 053
과녁 적(的) 106
광동(廣東) 031, 040
광동사람 031
광동성(廣東省) 020, 065
광동지역 020, 021, 033, 039, 043, 044, 046, 050, 051, 054, 058, 066
광서성(廣西省) 020
광저우(廣州) 021, 047
구룡반도(九龍) 030
국립국어원 025
국제음표 065
굿바이 옐로우 브릭 로드(Goodbye Yellow Brick road) 083
궈둥(果凍) 088
권설음(혀끝을 목 뒤로 들어 올리는 소리) 021, 070
귀신 → 누구(막연한 사람), 서양사람, 엄청나게(鬼) 128
그 108, 110, 111
그것 103
그녀 108, 110, 111

그들(그녀들) 108
그 사람, 그녀(佢) 110
글자 024, 025
금기 현상 058
금일 135
기타(guitar) 072, 073, 074
긴 대나무 장대(竹杠→竹昇) 063
길을 걷다 133
깃타(結他) 072
까나다이(加拿大) 072
깟옥(吉屋) 062, 063, 137
꼬투리째 먹는 완두콩(荷蘭豆) 051
꾸넁(姑娘) 049

ㄴ 021
ㄴ 받침 021
나 108
나무 목(木) 部 123
날(日-天) 135
날마다 136
남경조약 029
남방지역 019, 020
남양(南洋) 050
낮은 상승조 023
낮은 수평조 023, 109
낮은음 입성 024, 112
낮잠을 자다 116
냉방 137
냉장고 041
너 108

너희 108
넘버(number) 091, 092
네덜란드 049, 050, 051
녀석 104
높은 상승조 023, 024, 103, 107, 109
높은 수평조 023, 024
높은음 입성 024, 112, 137
높을 교(喬) 123
누구 112, 123
눈 041
눈 목(目) 部 116

다니엘(Daniel) 083
다닐 행 部 133
다닐 행(行) 132
다리 교(橋) 123
다리→방법(橋) 123
다우푸윤(豆腐膶) 060
다우윤(豆膶) 060
다이퐁(大風) 038, 039
단마이(丹麥) 071
달력(通書→通勝) 061
달리다(走-跑) 133, 134
달아나다 134
달아날 주 部 134
닭으로 만든 요리 042
대만 034, 040, 067, 068, 069, 086
데이비드 베컴 085
덴마크(Denmark) 032, 053, 071
도끼 월(戉) 124

도랑 110, 111
독방 137
독신녀(自梳女) 046
돈 맥클린(Don McLean) 083
돼지 간 060
돼지 피(猪血→猪紅) 060
돼지 피를 넣고 끓인 국 060
돼지 피를 넣고 끓인 죽 060
돼지 혀 059
드러그 스토어(drug store) 068
들 야(野) 104
등목 042
디스(的士) 065
딤섬(dim sum) 035, 036, 038
딤쌈(點心) 035, 038
딴막(丹麥) 071
딸기 089, 090
딸기잼 090
땍시(的士) 065

ㄹ 받침 021, 082, 084, 085
라이찌(荔枝) 034, 035
라이치 034, 035
란타우 섬(大嶼山) 030
람바(冧巴) 091
랑원(朗文) 066
레이(脷) 058, 059, 061
롱만(朗文) 066
롱맨(Longman) 066, 067
롱푸다우(龍虎鬪) 043
롱푸퐁(龍虎鳳) 042
루이뎬(瑞典) 070
루이스(瑞士) 070
리치(litchi) 034, 035

ㅁ 021
ㅁ 받침 021, 080, 081, 086
마더 테레사 049
마시다(飲 - 喝) 131
마이꼬우-쩩쏜(米高積遜) 081
마이쥐자이(賣猪仔) 054, 055, 056
마이커얼제커쉰(邁克爾杰克遜) 081
마이클 잭슨(Michael Jackson) 081, 082
마카오 020, 021, 047, 050
말린 두부(豆腐乾→豆腐膶, 豆膶) 060
매다, 연계하다 → ~이다(係) 126
매일 135
맨몸 062
맬 계(係) 126
먹다(食 - 吃) 130
명나라 047, 049, 050
명사(明史) 049
모두(冚唪呤) 119, 120
모두 함(咸) 124
모일 회(會) 115
목욕하다(沖涼) 041, 042
무엇(乜) 111, 112
문워크 081
물건 104

물건을 사다 105
물을 마시다 132
미국 021, 033, 035, 054, 077
미니 컵 젤리 088
민방언(閩方言) 020

ㅂ 받침 021, 081, 082
바이올린(violin) 094, 095
바지를 입다 135
바퀴벌레(甲由) 118
받침소리(입성) 024, 068
밥 식(食)部 131
밥을 먹다 130
방(房-屋) 137
방법 124
방언 019, 057, 065, 111
배 045, 058
배부르게 먹다 131
뱀 042
베이커한무(貝克漢姆) 085
베컴(Beckham) 085, 086
병질 엄(疒)部 115
보이지 않을 면(冖) 122
복수형 107
부정사 104
분주 133
분주하게 뛰어 다니다 134
브레드(Bread) 083
빅토리아 베컴 085
빈손 062

빈집 063, 137
빈집(空屋→吉屋) 062
빈차 062
빌리진(Billie Jean) 081
빗 잇(Beat It) 081
빙간(餅乾) 086
삑함(碧咸) 085

ㅅ 021, 081, 082
ㅅ 받침 021, 067
사람을 찾다 117
사람 인(亻)部 110, 126
사랑의 인사 094
사스 040, 044
사이클론 038
사파(沙發) 074
산터우(汕頭) 020
상승조 023
상해 066
상형(象形) 099, 100
상형문자 131
샤오티친(小提琴) 094
서양 065
서양 남자 129
서양 남자 아이 129
서양 사람(紅毛頭) 049, 050, 051, 128
서양 여자 129
서양 여자 아이 129
선디(sundae) 075, 076, 077
선전(深圳) 020

성(省) 020
성다이(聖代) 075
성룡의 사인 079
성룡의 손도장 078
성모(음절의 첫소리) 021, 065
성조 022, 023, 024, 065, 103, 107, 109
셔츠를 입다 135
소 간 060
소금에 절여 말린 돼지고기 간 060
소리 지르다 → 울다(喊) 124
소파(sofa) 074, 075
소 혀 059
송나라 110
수로 111
수평조 023
순더(順德) 047, 048
술을 마시다 132
쉿(雪) 041
쉿꼬우(雪糕) 041
쉿티우(雪條) 041
스릴러(Thriller) 081
스웨덴(Sweden) 032, 070, 071
스위스(Swiss) 031, 070
스타의 거리(Walk of Fame) 078
스탬프(stamp) 093
스트로베리(strawberry) 089
시땀(土擔) 093
시또삐레이(土多啤梨) 089
식량 130
식비 130

식사 130
신계지(新界) 030
신을 신다 135
실 계(系) 126
싼데이(新地) 075
싼 물건 105
쏘위딘(瑞典) 070
쏘위씨(瑞士) 070
쏘파(梳化) 074

○ 받침 021
아니다(唔) 104
아닐 미(未) 104
아닐 불(不) 104, 114
아닐 비(非) 104
아바 070
아열대 기후 034, 042
아이돈쫑(艾頓莊) 083
아이스케키 041
아이스크림 041
아이얼둔웨한(埃爾頓約翰) 083
아편전쟁 029, 054
안데르센 053, 071
안드레아 세고비아 073
알파벳 101, 104, 106
알프스의 소녀 하이디 070
암캐 117
암컷(嬎) 117
암닭 117
암돼지 117

야경 031
약을 먹다 131
얌차(飮茶) 035, 036
양옥(洋屋) 136, 137
어느 123
어느 곳 123
어느 분 123
어디 123
어때 121
어떡해 121
어떤 것들 123
어떤 종류 123
어머니 모(母) 117
어조사 야(也) 111, 117
어휘 024, 025
얼음(雪) 040
없다(冇) 112, 113
에드워드 엘가 094
에릭 클랩튼 073
엘튼 존(Elton John) 083, 084, 085
여기 102
여지(荔枝) 034, 035, 038
연애하다(拍拖) 045, 046
열대과일 034, 035
영국 029, 033, 035, 064
영어 030, 064
예쁘다 114
예쁘다(靚) 113
예쁘장한 남자아이나 젊은이 114
예쁜 물건 105

예쁜 여자 114
예쁜 옷 114
오늘 136
오다(嚟) 103
옷을 입다 135
와이우린(歪烏連) 094
완두콩 051, 052, 053, 071
완두콩 오형제 052
왓슨스(Watsons) 068, 069
왓싼씨(屈臣氏) 068
왜 111, 112, 121
왜소하다, 수입 등이 적다(冇) 114
왜소한 여자아이 115
왜소한 젊은이 114
외국으로 팔려간 노동자(賣猪仔) 054
외래어 064, 066, 089
욘(潤) 059
욘(膶) 060, 061
우리 108
우산 058
우표 093
운모(음절에서 첫소리를 제외한 나머지 부분) 022, 064, 065
원나라 110
월방언(粤方言) 020
윌리윌리 038
유퍄오(郵票) 093
육서(六書) 099, 100
육달월(月) 部 059
의문사 112, 121

이(呢) 101
이것저것 112
이 곳 102
이러쿵저러쿵 112
이런저런 112
이런 종류 102
이렇게, 저렇게(咂, 噉) 106
이미 기(既) 108
이엘오(E.L.O) 083
인도네시아 050
인어공주의 동상 071
일 104
일본 021
일을 하다 105
입 구(口)部 099, 100, 101, 102, 103,
　　104, 105, 106, 107, 108, 109, 124
입다(着-穿) 134
입성(入聲) 021, 022, 023, 024, 072
있다 113
있다, ~에, ~에서, ~에서부터(喺) 108

자나다(加拿大) 072
자오쥐안(膠卷) 090
잠이 오지 않는다 116
잠자다(瞓) 116
장만옥 손도장 078
재방변(扌)部 116, 117
저(佢) 102
저것 102
저기 103

전주(轉注) 099, 100
점령할 점(占) 121
점 → 어떻게(點) 121
젤리(jelly) 088, 089
조금(哟) 106
조니워커(Johnnie Walker) 084
주장(珠江, 주강) 047, 048
주장삼각주(珠江三角洲, 주강삼각주)
　　020, 047, 048
주하이(珠海) 020
중간 수평조 023, 103, 107
중간음 입성 024
중국 029, 050, 054, 057, 065, 068
중국 방언 019
중국어 030
중국어 외래어 표기법 025
중화인민공화국 029
지무카이리(吉姆凱利) 080
지사(指事) 099, 100
지시대명사 101, 102
지쏘(自梳) 046, 048
지쏘노위(自梳女) 046, 048
지타(吉他) 072
진창위(金槍魚) 096
질주 133
짐 캐리(Jim Carrey) 080, 081
집(屋-房) 136
집 주인 137
쩰레이(啫喱) 088
쥐훙(猪紅) 060

찜께이레이(占基利) 080

차꼬위(茶居) 036
차라우(茶樓) 036
차오메이(草莓) 089
착복 135
착복식 135
참다 → 오랫동안(耐) 127
참을 인(忍) 127
참치 096
찾다(揾) 116
책력(册曆) 061
책받침(辶) 部 122
천자문(千字文) 135, 136
청나라 029, 047, 049, 054
총쁑(沖涼) 042
취천스(屈臣氏) 068
침사추이 121
침사추이 산책로 031, 078
침실 137

카이웨(凱悅) 067
캐나다(Canada) 021, 032, 054, 072
캔토니스(Cantonese) 031
캔톤(Canton) 031, 032
캘리포니아 054, 055, 077
케찹(茄汁) 032, 033
케첩(ketchup) 032, 033, 038
콕케이(曲奇) 086
콧소리 022

쿠키(cookie) 086, 087, 089
클 대(大) 114

타이펑(颱風) 039
타이푼(typhoon) 038, 039
탄나위(吞拿魚) 096
태풍 038, 039
택시(taxi) 065, 066
토마토즙 쇠고기탕면(茄汁牛肉麵) 033
토마토케첩 032
통쌩 061, 062
투나(tuna) 096
특별행정구 029

파토(拍拖) 045, 046
페일람(菲林) 090
포르투갈 050
폭주 134
피곤하다(癐) 115
피를 토함 060
필름(film) 090, 091
필리핀 시장 055

하강조 023, 024
하얏트(Hyatt) 067, 068, 072
하얏트호텔 068
하오라이우(好萊塢) 077
하오마(號碼) 091
한국 057
한국인 030

한옥(韓屋) 136, 137
한자 025, 099, 111, 133, 134, 136
한자음 019, 021
한자 자전 111, 112, 114
할리우드(Hollywood) 077, 078, 079, 080
할리우드 거리 079
함성 124
핫도그 032
행보 133
행인 133
행진 133
허리케인 038
혀 059
혀(舌→脷) 058
혈압 060
형성(形聲) 099
형성문자 131
호란(荷蘭) 051
호란다우(荷蘭豆) 051, 052, 071
호랑가시나무 079
호레이웃(荷李活) 077
호이윗(凱悅) 067
호텔 067, 068
홍모우(紅毛) 049, 050, 051
홍모우타우(紅毛頭) 049, 051, 052, 129
홍콩(Hong Kong) 020, 021, 022, 029, 030, 031, 032, 034, 035, 039, 040, 047, 048, 064, 068, 069, 078, 079, 101, 104, 106, 113

홍콩기(旗) 029
홍콩섬(香港島) 030, 031
홍콩 영화 019
화교 020
화나 죽겠다 126
화란(네덜란드) 050
행공(香港) 029
회의(會意) 099, 100
희롱하다 → 화내다(嬲) 125

~들(哋) 107
~의(嘅) 108
1국가 2체제 029
3인칭 110
Avenue of Stars(星光大道) 078
dim sum 036, 038
Hollywood Road 079
ketchup 033
lichee 035
litchi 035
lychee 035
ng 발음 022
Watsons 069